战"疫"

Battling the Virus

"三只眼"转文化系列丛书 ⑤
Transcultural experiences with "three eyes" book series ⑤

战"疫"
我在中国

Battling the Virus:
Witnessing China Combating COVID-19

刘利 主编

"三只眼"转文化系列丛书 第5卷
丛书主编：陈立行 常向群

《战"疫"：我在中国》
刘利 主编

此书由以下两个出版社于2020年合作出版
环球世纪出版社
23 Austin Friars, London EC2N 2QP, UK
江西教育出版社
中国江西省南昌市抚河北路291号

该书编入大英图书馆的公开数据中的图书馆编目

版权 © 2020 作者和出版社

本书保留所有权利。未经版权者的事先许可，此书的任何部分不得以任何形式或任何方法存储于检索系统或传送，包括电子、机械、复印、录制或其他方式。

ISBN 978-1-910334-91-1 (英文 平装); ISBN 978-1-910334-90-4 (中文 平装)
DOI https://doi.org/10.24103/TETE5.cn.2020

Transcultural experiences with 'three eyes' series Vol. 5
Series editors: Lixing Chen and Xiangqun Chang

Battling the Virus: Witnessing China Combating COVID-19
Edited by LIU Li

This book first published jointly in 2020 by
Global Century Press
23 Austin Friars, London EC2N 2QP, UK
and
Jiangxi Education Publishing House
291 Fuhebei Road, Nanchang, Jiangxi, China

British Library Cataloguing in Publication Data
A catalogue record for this book is available from the British Library

Copyright © 2020 The contributors and publishers

All rights for this book reserved. No part of this book may be reproduced, stored in a retrieval system, or transmitted, in any form or by any means, electronic, mechanical, photo-copying, recording or otherwise, without the prior permission of the copyright owner.

ISBN 978-1-910334-91-1 (English paperback); ISBN 978-1-910334-90-4 (Chinese paperback)
DOI https://doi.org/10.24103/TETE5.cn.2020

本书获得国家丝路书香工程
"外国人写作中国计划"奖励资助

This book was the recipient of the
National Silk Road Scholarship Project's
"Writing on China by Foreigners" award

目录

序言
- 总序言 / 陈立行 常向群 vi
- 序言 xi

第一章　疫情观察 1
- 1.1　来自驻华大使们的祝福 3
- 1.2　战"疫"，抗击全人类共同的敌人 /〔尼泊尔〕利拉·玛尼·博迪亚 7

第二章　疫烽来信 17
- 2.1　阳光总在风雨后 /〔突尼斯〕伊奈斯 19
- 2.2　这也是我的斗争 /〔罗马尼亚〕尼娜·费利恰·盖尔曼 27
- 2.3　良知的呼唤 /〔刚果金〕帕特 38
- 2.4　我在婺源挺好的 /〔英国〕爱德华·高恩 45
- 2.5　我要写下这灾难 /〔美国〕马克·力文 51
- 2.6　患难见真情 /〔柬埔寨〕吴宝强 59
- 2.7　风雨无阻，永远同行 /〔巴基斯坦〕布什拉·纳兹 67
- 2.8　我与中国在一起 /〔阿富汗〕马龙 74
- 2.9　成为中国抗击疫情一分子 /〔意大利〕张子涵 81

第三章　疫见真情 87
- 3.1　我的抗疫请战书 /〔贝宁〕莱东翰 89
- 3.2　病毒不能隔离爱 /〔伊朗〕白玫 95
- 3.3　用我们的声音告诉世界 /〔埃及〕王笑 105
- 3.4　做一名抗疫志愿者 /〔巴基斯坦〕穆罕默德·苏坦·伊尔沙德 121
- 3.5　我的战"疫"故事 /〔哥伦比亚〕卡米洛·雷斯特雷波 129
- 3.6　谣言，别信！ /〔苏丹〕穆罕默德·哈桑 140
- 3.7　战"疫"在"爱的城市" /〔斯里兰卡〕斯里亚尼 149
- 3.8　武汉，要坚强！ /〔尼泊尔〕凯兰·高塔姆 159
- 3.9　战"疫"的中国精神 /〔南非〕埃希祖伦·迈克尔·米切尔·奥莫鲁伊 .. 167
- 3.10　胜利必将属于你们 /〔俄罗斯〕叶卡捷琳娜·克留科娃 173

环球世界出版社双语信息
- 1　关于本书 179, 188
  - 1.1　提要和作者 179, 188
  - 1.2　目录 179, 188
  - 1.3　本系列以及其它书籍 180, 189
- 2　更多来自本社 181, 191
  - 2.1　本社社以全球和转文化视野创造了双语服务的独有特色 182, 191
  - 2.2　本社汉英双语显示体例 183, 193
  - 2.3　本社中文及相关名字英文显示体例 183, 193
  - 2.4　环球世界出版社系列丛书例举 184, 195
  - 2.5　期刊与集刊系列 187, 198

总序言

近五百年来，中西方之间的接触与交流越来越广泛，但是其相互理解的深度仍受到各种因素的局限。由于历史文化的差异和意识形态的对立，彼此之间仍存在着对对方的误解乃至偏见。中国改革开放近40年的快速发展，吸引了全球的广泛关注与深切期待，中国已经并将继续在国际事务的各个领域承担前所未有的大国责任和义务。

在过去的几十年来，全球社会经历了现代化、后现代化、现代性、后现代性、多元现代性、全球化、后全球化等思潮。我们相信一种相关联但又不同于跨文化或多元文化(cross-, inter-, multi-culturality)的"转文化"(transculturality)概念能够在不久的将来成为一种显学并进入主流话语，并且帮助我们摒弃以往的偏见，客观地、理性地、重新认识对方并审视自己。

一个人本来只有两只眼，东西方神秘主义文化中都谈"第三只眼"，通俗的用法是另一种眼光或视野看问题。在中国的通俗政论作品中，有王山杜撰的德国"洛伊宁格尔"所著《第三只眼睛看中国》（1993）；在西方学术界，有当代著名社会理论家安东尼•吉登斯的《第三条道路》(The Third Way and its Critics, by Anthony Giddens, 1998)，此书被译为25种文字，美国、欧洲、亚洲和拉丁美洲的政治领导人认为此书提供了一种以不同于以往的新的视野看待重要的国际政治辩论。我们也会说这本书是吉登斯的"第三只眼"之作。

但是，从方法论看，在人的两只眼上仅仅加上"第三只眼"来看问题还是不够的。我们提出的"三只眼"是一种方法论的通俗的比喻，该提法源自中国民间文化中的"三只眼"马神，俗称马王爷，全名"水草马明王"，全称"灵官马元帅"，又称"三眼灵光"、"三眼灵曜"，是道教的神明，中国民间信奉的神仙之一。所谓"三只眼"

方法即用三重视野同时看一个问题，以华人来说，即华人、非华人和职业人。

这种"集三重身份于一人"的个体的后面实际上嵌有三种不可分割文化，而且这三种文化之间既可以并存，也可以转化并生成为一种的不同于其它两种文化的新文化[1]，即"转文化" (transculturality)[2]，这种用法对中文读者比较陌生。这种"转文化"现象可以是个体的，也可以是群体的。其实，大家熟悉的"跨文化"概念包含了英文的cross-culturality, inter-culturality和intra-culturality几个概念，可以分别译为跨文化、际文化、内文化。文化是没有国界的，会相互影响的，当一种文化跨界到另一种文化里，有的与另一种文化共存，形成多元文化现象，如很多国家都有的中国城里的中国餐饮文化，即所谓跨文化现象 (cross cultural phenomena)；有的超越了原来的本土文化，与该文化共生，融合成一种新的文化，彼此之间你中有我我中有你，即转文化现象 (transcultural phenomena)，如中西合璧的概念，在服装、餐饮、建筑、交通工具、音乐、绘画等方面都存在大量的转文化的产品。

在人类社会进入移动互联网时代，转文化产品的生成对我们的生存和生活方式及其观念的冲击非常大，如支付宝的英文名叫Alipay，在国外，英语世界国家一般都用PayPal，东亚许多国家主要用Alipay，其性质和功能与PayPal差不多。Alipay受了PayPal技术文化的影响，现在越来越多的国家也在用Alipay，形成新的支付形式和新的消费文化的一部分，正如微信受了WhatsApp的影响，一些外国人用WhatsApp的同时也开始用微信了，并成为其生活方式的一部分。可见，这种融合了多种文化元素生成的新的混合的文化的"转文化"是一个与跨文化、际文化、内文化或多元文化 (multi-culturality) 相关联但又不同的概念。

---

[1] Shuo Yu. 2015. "'Universal dream, national dreams and symbiotic dream': reflections on transcultural generativity in China–Europe encounters', *Journal of China in Global and Comparative Perspectives*, 2.

[2] SHEN Qi. 2015. 'From cross culture, interculture to transculture: reading "universal dream, national dreams and symbiotic dream': reflections on transcultural generativity in China–Europe encounters', *Journal of China in Comparative Perspective*; YU Shuo, 'Making space for "transculturality" – a response to SHEN Qi', *ibid*.

中国改革开放近40年的历程伴随着全球的现代化、后现代化、现代性、后现代性、多元现代性、全球化、后全球化等思潮。2016年，英国脱欧和特朗普当选美国总统，标志着人类社会进入了"后全球时代"（post global age）[3]，或曰转文化时代（transcultural age）[4]。早在1990年代初，一些社会学家们在全球发起了全球化的研究[5]。近年来，许多学者已经看到了全球化概念的局限性，希望找到对当下和未来全球格局更有解释力和分析力的概念工具，引领未来的哲学社会人文思潮，这些学者们很看好"转文化"概念。早在1940年代古巴人类学家费尔南多·奥尔蒂斯（Fernando Ortiz）[6]就提出了转文化的概念，1980年代也出现了一批研究转文化的学者，但是转文化概念能否在不久的将来成为一种显学并进入主流话语？有待于我们在理论上加以研究。

"三只眼"转文系列丛书于2015年由环球世纪出版社出版的。是该出版社出版的系列丛书中唯一的一套社会科学人文科学的科普丛书。全球世纪出版社是世界上首家致力于在全球语境下出版双语的社科与人文的专业及大众书籍，专注于中国及其比较研究的著述，包括在全球语境下对世界和人类知识研究的中华视野，以及对中国研究的非中华视野。"三只眼"转文化系列丛书的目的就是要在跨越国界文化的沟通，相互理解方面起到一个桥梁的作用。该丛书的作者可以是在国内外生活的华人和非华人、中外跨文化通婚的华人和非华人、中外混血人，具有不同学科背景在各行各业工作的华人和非华人。他们用自己理解的中国文化、非中国文化、以及他们各自

---

[3] GAO Bai. 2016. 'Is this the beginning of the post-global age?', *China Times* [GAO Bai. 2016: Houquanqiu shidai de kaishi? Huaxia shibao], 2016-1-11 http://www.chinatimes.cc/article/52971.html

[4] Karl Jirgens, 'Studying Canadian Studies in a Trans-Cultural Age', book review of Dirk Hoerder: *To Know Our Many Selves: From the Study of Canada to Canadian Studies* (Edmonton: Athabasca University Press. 2010), *Spectres of Modernism*, Special issue 209, Canadian Literature (Summer 2011): 162–163.

[5] Such as Martin Albrow, editor of the journal *International Sociology* at the time and author of *The Global Age* (1996).

[6] Ortiz, Fernando. 1940. *Contrapunteo cubano del tabaco y el azúcar*. Havana: Jesús Montero. English trans. [1947] 1995. *Cuban Counterpoint: Tobacco and Sugar*. Trans. Harriet de Onís. Durham, NC: Duke University Press.

所从事的专业与行业的专业人士和从业人员这三重视野 (或曰"三只眼"),对他们在国内外日常生活和工作中所经历的不同文化与观念的碰撞和交汇进行描述和阐释。

丛书采用比较和叙述的方式,从东西方思维方法、价值体系、行为方式等维度对流行的误解和偏见加以解读,以润物细无声的方式,注重可读性的基础上,使读者从中获得各种感悟。同时,丛书也可用费孝通开创的"自白"这样的文体来反思中华文化自身的问题及其对全球化的影响[7]。

"三只眼"转文化丛书由陈立行和常向群共同主编。陈立行负责丛书的全面工作,常向群负责与出版社与作者之间的协调、审稿和出版事宜。两位主编通过后再推荐给出版社,进入出版社的审校程序。每本书稿都将分别经过全球中国出版社的三审程序,以确保质量,成熟一本出一本。可以是中文或英文,也可以从三个视角来写:看自己;看中国;看世界。该丛书由全球中国出版社于2015年开始出版。每本的字数为8-10万之间。每位作者可以写一或多本不等。作者在开始写之前需要向出版社提交书名、作者简介和内容提要 (英汉双语,各200字),一篇样章和全书的目录,便于在社里立项。

以下是本丛书即将出版的书目:

- 《当代中国失去了什么?》陈立行 (日本)
- 《文化鸿沟——中国出生的英国人的反思》柯鸿冈 (Paul Crook) (英国)
- 《为和平徒步——中国之旅的转文化体验》(修订版) 麦克·贝茨(The Rt. Hon. Lord Michael Bates) 著、李雪琳·贝茨编 (英国)
- 《中国乡村的莎士比亚:英国汉学家眼中的评剧》(英文修订版) 秦乃瑞 (John Chinnery)
- 《战"疫"——我在中国》 刘利 主编 (中国) 作者 (多国)
- 《制度的文化基因——零距离体验美国大学校园生活》 孙嘉明 (美国)

我们希望海内外华人和所有对中国和中国人感兴趣的读者,以及海外华人

---

[7] Xiangqun Chang. 2015. 'Transculturality and the globalization of Chinese social sciences: vocabulary, invention and exploration', *Journal of China in Global and Comparative Perspectives*, 1.

的后代和外国人，通过阅读这套丛书，进一步深度了解中国人与中国社会，了解他人对其所在国家的社会和文化解读，以共建以互补互惠、和谐共生为基础的共享人类未来。

Chen Lixing

陈立行

日本关西学院大学教授，日中社会学学会前会长

常向群

全球中国学术院院长，英国伦敦大学学院荣誉教授

2015年11月

更新于2019年3月

序言

岁末年初的新冠肺炎疫情对中国人民的生命安全和身体健康构成了重大威胁，也对世界卫生事业发出了严重的挑战。在这场突如其来的灾害面前，中国政府和人民并不孤单，世界各国的政府和人民纷纷伸出了援助之手，以各种方式表达着对于中国抗疫的支援。

有这样一群人，在疫情暴发以后选择留在了中国，选择和中国人民并肩站在了一起，共同面对疫情所带来的各种冲击和挑战。他们中有外交官，有记者，有医生，也有普通的留学生，虽然社会角色不同，但他们从不同的角度把中国应对疫情过程中各种感人的瞬间传递给了他们的政府、媒体、亲人和朋友，他们以自己在华的亲身经历，向国际社会传达了一个疫情面前负责任的、立体而真实的中国大国形象。这本书收集的就是这样一群来自世界各地又身处中国不同城市的国际友人关于中国抗疫的亲身经历和情感表达，他们的语言是非常平实的，但他们的感情是最真挚的，他们所观察到的和所传递的信息是最为客观和真实的。

在全球化时代，人类社会是一个"你中有我、我中有你"的命运共同体，各国命运相连、休戚相关。近期，全球新冠肺炎病例和受疫情影响国家的数量持续增加，引发国际社会关注和忧虑。3月11日，世界卫生组织已将疫情确定为全球流行，中国政府也已应邀向伊朗和意大利等疫情严重的国家派出了专家 医疗组。我们同住在地球村，疫情是人类面临的共同挑战，只要各国秉持人类命运共同体理念，携手应对，同舟共济，就一定会取得全球战"疫"的胜利。过在我生长的五、六十年代的中国，虽然"国际主义"和"世界革命"之类的口号响亮，街头

环球世纪出版社附加信息

见到的外国人却很少,接触的外国信息有限,真正驾驭不同语言,熟悉不同文化的人也比较稀罕。所以在我的感受中,两种文化的差异相当大。

我们希望本书几十位国际友人的声音能够通过国内外出版社的合作出版,成为全人类共同声音在全世界回响!

刘利

北京语言大学校长、中国国际中文教育基金会副理事长

2020年六月

第一章
疫情观察

15位驻华大使的真诚祝福,联合国驻华协调员首席代表的真情力挺,尼泊尔驻华大使的理性观察,共同照见人类命运共同体精神。

「

来自驻华大使们的祝福

俄罗斯驻华大使　安德烈·杰尼索夫：

我祝愿各位武汉朋友健康平安，百病不侵！

德国驻华大使　葛策：

在这艰难的日子里，德国与中国心心相连。我们衷心祝愿湖北省和全国各地的人们能够早日战胜新型冠状病毒。

古巴驻华大使　卡洛斯·米格尔·佩雷拉：

中国并不孤单，古巴跟你们在一起。

伊朗驻华大使　穆罕默德·克沙瓦尔兹扎德：

今年我们的中国朋友在抗击新型冠状病毒中度过了一个不一样的春节。但我相信，有着五千年文明的中国有能力战胜这次困难。同时我们对中国政府在抗击病毒中做出的切实行动表示赞赏。伊朗人民会与中国人民站在一起，共渡难关。

蒙古驻华大使 丹巴·冈呼雅格：

友好的中国人民将取得抗击新型冠状病毒战役的胜利。

巴西驻华大使 保罗·瓦莱：

中国人经历过很多挑战，最后都赢了。你们的巴西朋友对你们有信心。

阿塞拜疆驻华大使 杰纳利·阿克拉姆：

我们都知道，在新型冠状病毒暴发之后，我们的中国朋友正在经历一段艰难时刻，面临着新的挑战。我要祝福中国一切顺利，阿塞拜疆与你们同在。我们高度赞赏中国政府和武汉当地政府所做出的努力，中国人民非常伟大，中国是个强大的国家，毫无疑问中国会很快渡过这一难关。再次祝愿中国朋友们身体健康，患者早日康复。

阿富汗驻华大使 贾维德·艾哈迈德·卡伊姆：

中国政府在遏制新型冠状病毒方面做了大量工作。他们的工作方式非常出色。

亚美尼亚驻华大使　谢尔盖·马纳萨良：

亲爱的中国朋友们，我们人类现在正面临着一场由新型冠状病毒带来的罕见又危险的挑战，而你们正好处在面临挑战的第一线。你们的强大很重要，我们深信你们将赢得这场挑战。要知道，你们不是一个人在战斗。

孟加拉国驻华大使　马赫布·乌兹·扎曼：

面对新型冠状病毒，我们坚定地与正在奋斗的中国政府及人民站在一起，我们对于中国政府充满信心，坚信中国政府能够控制当前局面并防止病毒进一步暴发，坚信中国政府有能力渡过难关。

法国驻华大使　罗梁：

患难见真情，法国始终与你们在一起。

巴林王国驻华大使　安瓦尔·艾勒阿卜杜拉：

我赞扬中国妇女在预防和控制新型冠状病毒流行方面发挥的重要作用和承担的社会责任。

瑞士驻华大使 罗志毅：

　　我对中国政府为抗击疫情所作出的巨大努力以及一线医务人员的专业素养和奉献精神表示赞扬！祝中国早日战胜疫情，瑞士和你在一起！

吉尔吉斯共和国驻华大使 卡纳伊姆·巴克特古洛娃：

　　在中国共产党的领导下，中国人民一定能战胜疫情。同时，也必须指出女性在这场攻坚战中发挥了重要作用。

立陶宛共和国驻华大使 伊娜·玛邱罗尼塔：

　　你们并不孤单，我们支持你们，我们在你们身边，请你们感受到自己是国际大家庭的成员。

联合国驻华协调员首席代表 罗世礼：

　　我想说，国际社会都在力挺中国。中国加油！

　　…………

作者简介

利拉·玛尼·博迪亚，尼泊尔驻华大使。1989年以一级成绩毕业于尼泊尔特里布文大学财政管理专业，获工商管理学硕士学位。先后担任尼泊尔驻拉萨总领事、文化旅游和民航部部长秘书、信息和通信部秘书、内政部秘书、尼泊尔政府总理办公室秘书、部长会议秘书、尼泊尔内阁首席秘书等职务。曾多次率尼泊尔代表团参加世界卫生组织、欧盟、孟加拉湾倡议的多部门技术和经济合作组织、联合国亚太经济与社会委员会等，协商双边投资保护和促进协议。

抗疫心声

战"疫"，抗击全人类共同的敌人。

战"疫",抗击全人类共同的敌人

[尼泊尔]利拉·玛尼·博迪亚

> 病毒流行是在一定的时间内、在世界不同地区出现的,这是全人类面临的共同挑战。国际社会应携起手来,共同对抗人类文明的公敌。

中国,一个拥有全世界五分之一人口的国家,这些天正在抗击一种被称为COVID-19的病毒。

2019年年底,湖北省出现了多起原因不明的肺炎病例,经调查,发现这一急性呼吸道传染病是由新型冠状病毒感染引起的,2020年2月世界卫生组织正式将其命名为新型冠状病毒肺炎。

2020年1月下旬,也就是中国农历新年即将来临之际,这一新型病毒开始在武汉无规律扩散,并蔓延到中国的其他省份。1月底,有近20个国家也发现了感染病例。中国国家主席习近平一直高度重视此次疫情,除了召开中央政治局领导会议外，还对前线医护人员、战士予以鼓励，指导中央和省级领导人共同抗击疫情，并与世界各国领导人共享疫情情况。

2020年1月20日，习主席对预防和控制疫情作出重要批示，强调必须高度重视疫情，将人民的生命安全和健康放在第一位，坚决遏制疫情蔓延势头。1月25日习主席主持召开了中央政治局常务委员会会议，对疫情防控工作特别是患者的救治工作进行了再研究、再部署和再动员。此次会议决定成立应对疫情工作领导小组，并在中央政治局常务委员会的领导下开展疫情防控工作，同时常委会还向湖北等疫情严重的地区派出了专家指导小组，推动有关地区一线防控工作的进展并加强防控力度。在农历新年第一天就召开中央政治局常务委员会会议，这在中国历史上是史无前例的，这也充分表明了此次事件的紧迫性以及中央对疫情的高度重视。习主席强调，人民的生命安全和健康始终是第一位的，防控疫情是当前最重要的工作。

2020年1月27日至28日，世界卫生组织总干事谭德塞·阿达诺姆·格布雷耶苏斯拜会了习近平主席，并与中国外交部部长王毅进行了会见。谭德塞高度赞赏中国为防控疫情而采取的全面的措施，并对中国抗击疫情的能力和赢得战斗的决心充满

武汉江汉区唐家墩街马场社区的万科圆方小区安保队员，坚守在小区封闭管理战"疫"岗位上

信心。中国及时向世界卫生组织和国际社会共享包括基因组和病原体在内的病毒相关信息，以及采取强有力的措施来有效控制病毒从武汉扩散到全省全国乃至世界的负责任态度，获得了世卫组织和国际社会的高度赞赏。

中国采取的超常规控制措施超出了国际标准的要求，也远远超过了以往任何其他国家在此类病毒暴发时所采取的措施，如2009年的甲型H1N1流感病毒、2014年的埃博拉病毒和2015年的中东呼吸综合征冠状病毒。比如说，为防止病毒扩散，中国在春运期间对武汉及湖北其他疫情较严重地区实行交通管制，几百万民众居家隔离。除保障民生与人民健康的生产活动外，其他经济社会活动一律暂停，这是以牺牲经济的发展和给社会造成影响为巨大代价的，这将在未来很长一段时间内被全世界人民所记住。

世卫组织在2020年1月30日正式宣布，将中国的新型冠状病毒疫情列为国际关注的突发公共卫生事件，并强调说："宣布这一决定应该被视为对中国和中国人民在疫情暴发期间采取的公开、有力的举措的支持和赞赏，我们希望并相信中国抗疫一定能成功。为了全球团结，我们认为全球合作协调能力还需要加强，尤其是一些格外需要帮助的国家。"

世卫组织还强调没有必要因这一决定就限制与中国之间的旅游和贸易往来，这些限制行为反而会影响全球抗击新型冠状病毒的决心。一些国家已经采取了一些不恰当的方式来限制与中国贸易或人员流动，这一行为会遭到中国和国际社会的谴责。"在西方世界，我们发现了零星的歧视行为，把病毒对号入座在某些特定地方、特定种族和人群身上，这是对文明社会的威胁，我们应毫不犹豫地予以谴责。病毒流行不分国界。病毒流行是在一定的时间内、在世界不同地区出现的，这是全人类面临的共同挑战。国际社会应携起手来，共同对抗人类文明的公敌。在危难时刻，更不应对疫情地区的人民进行诬蔑和抵制。中国人民，尤其是湖北和武汉人民，更应因他们与新型冠状病毒斗争所作出的空前的牺牲和奉献受到赞扬。他们需要鼓励、支持、团结和赞扬，而不是攻击、歧视。他们不应该受到歧视和仇恨，而应该得到外界的爱与关怀。"

中国在两周内分别建立了拥有1600张床位和1000张床位的两所新医院，专门用于收治新冠肺炎患者，这体现了中国抗击疫情的无比决心和能力。自新冠肺炎疫情暴发以来，中国政府一直在竭尽全力采取防控措施，并本着公开、透明的态度与国

2020年2月1日，湖北武汉火神山医院施工现场

尼泊尔驻华使馆外交官为中国加油

际社会合作，这是值得赞扬的。

尼泊尔大使馆一直在关注武汉市新冠肺炎疫情暴发的消息，并自觉参与到疫情的抗击中来。我们通过微信群统计在华的尼泊尔公民数量，并随时追踪他们的情况。我们大使馆组建了18个来自不同省份的在华尼泊尔公民的微信群，超2000人的信息登记在册。大使馆还组织成立了一个心理咨询小组，通过微信平台为在湖北的尼泊尔公民提供个人心理咨询服务。当武汉封城时，我们成立了一个24小时服务的应急小组，在中国5个不同城市开设了5部电话热线，由5位在华外交官分别指导，为在华尼泊尔公民提供帮助。同时我们还与中国政府，特别是与北京和武汉的当地政府保持24小时的沟通，向有需要的尼泊尔公民提供必要的援助。整个春节假期，大使馆每天举行会议，评估疫情情况，从中国政府获取最新官方消息，并于当晚在尼泊尔政府网公布。从1月23日到2月15日，大使馆24小时提供服务。即使在最艰难的时期，中国中央政府和各级地方政府给予我们的积极回应给我们留下了深刻印象，中国政府应对危机的机制与非凡态度值得我们学习。

疫情发生以后，尼泊尔总统比迪亚·德维·班达里、总理夏尔玛·奥利和尼泊尔共产党主席普什巴·卡玛尔·达哈尔分别向习近平主席及李克强总理致信，表达了双方在抗击疫情方面要团结一致，并对中国病患者表示深切的慰问。为了表达与中国人民同心同德抗击疫情，尼泊尔政府向武汉市政府捐赠了10万个N98医用口罩，尼泊尔-中国工商联合会等尼泊尔非政府组织也通过各种渠道捐赠了医疗物资。我也向中国，尤其是在武汉的尼泊尔公民发布了相关视频，要求他们保持冷静和耐心，听从大学和当地政府的指示安排，不要在社交媒体上散布谣言。我还发表了几份声明，强调在困难时期尼泊尔人民将与中国人民团结一致，并表明不会对中国公民进入尼泊尔限行，呼吁不要歧视疫情地区的任何群体、民族。我还给曾有过联系的中央、省市（包括湖北省和武汉市）发了几十封信。在信中,我对遭受新冠病毒威胁的中国人民和政府表示支持和慰问,同时我也被中国人民英勇救治患者的精神所感动,赞赏中国政府为控制疫情在中国境内外扩散而采取的强有力的措施,对中国给予在华尼泊尔公民的大力支持表示感谢,对中国控制疫情的决心和能力充满信心,祝愿中国早日从疫情中恢复过来。我通过不同的媒体发表了5段视频声明,重申了我写给上述领导人信中的观点,传达了声援中国人民和武汉人民的信息,赞叹中国人民的精神和自信。

此次疫情充分展示了中国政府统一指挥和调度的能力。以习近平主席为核心的中共中央政治局常务委员会,在一个月内连续召开了5次会议,集中力量,采取有效措施在这场没有硝烟的战争中取得决定性的胜利。来自全国各省(区、市)的大批

多家服装企业采取转产、加班等措施,加快速度恢复生产和扩大产能,加班加点生产防护服,全力保障疫情防控一线所需

医务人员和医疗物资以及人民解放军驰援湖北。一个月来，湖北武汉几百万人处于隔离状态，但基本生活必需品供应没有出现重大问题。所有生产医疗用品的工厂在这期间24小时开工运转，63000多名新冠肺炎患者进行了血液检测，所有的患者都得到了免费救治。

我们衷心祝愿中国早日在与新型冠状病毒的斗争中取得胜利。我们将始终与中国人民肩并肩，我们拒绝地域、种族、国籍歧视。我们坚信人类应携手共同应对全球任何危机。我们相信中国有信心、有能力、有决心战胜此次危机。我们愿与中方共同努力，建设有恢复能力的社会，提高各国在疫情和自然灾害发生时的应对能力。中国经济尽早恢复，对保持全球经济发展势头至关重要。中国是全球第一大制造国、第一大旅游来源国，是全球半数以上国家的第一大贸易伙伴和金融投资国，是当今世界第二大经济体。如果中国的经济稳定发展被动摇，对整个世界来说代价是巨大的，将是难以承受的巨大打击。因此，为了全球的发展、和平与繁荣，与中国携手合作，早日战胜新型冠状病毒这一全球公敌，重振全球经济，对全球都有好处。

第二章
疫烽来信

疫情时期身处中国不同城市的外国友人，他们在写给亲人朋友报平安的信中，还原了亲历的最真实的中国疫情中国战"疫"，用冷静的笔触回应了一些外国媒体的歪曲和疑问。

「

作者简介

伊奈斯，突尼斯汉学家和翻译家，参与了许多中文书的翻译。荣获CCTV2011年优秀外籍员工奖，获得庆祝中华人民共和国成立70周年宣传报道纪念章。

抗疫心声

在这次疫情中，世人再次看到了一个负责任大国的号召力和执行力，中国用果断、全面的防控措施迅速有效地应对这场突发疫情，为世界树立了处理公共安全卫生事件的新标杆。

阳光总在风雨后

[突尼斯] 伊奈斯

> 不久的将来,你会看到一个新的中国,高科技和远程学习、远程办公将会变得不足为奇。

亲爱的朋友:

昨天收到你的邮件,我感到非常高兴。或许该感谢新冠肺炎让我们再一次联系,要不是因为这个可恶的肺炎,我们也许还是一直在朋友圈里互相点赞的关系……哈哈。

通过阅读你的来信,我能感觉到你对我的担心。我非常理解你的心情!因为你得到的消息都是来自社交媒体或者是其他的主流媒体。我记得我们曾经谈过消息的来源决定它的可信度。现在那些外国媒体,无论是电视还是网站,都在讲述相似的故事,但是你越往深处去想,就越觉得这些报道与事实有所偏颇。今天,听我给你讲几个小故事,然后你思考一下,看看生活在中国的人是不是对这场疫情感到恐惧。

亲爱的，中华民族经历过风风雨雨，每场灾难只会让他们变得更强大、更团结一心。无论困难有多大，只要一起去扛，胜利终将属于他们。

还记得前些年中国发生的地震和洪水吗？每当我告诉你我亲眼看到的中国人民团结一致与灾难斗争的故事时，你都说我在夸大其词，你总是会说"这太不可思议了"。这是因为你没有真正了解中国人，没有看到他们风雨同舟、共抗灾难时的顽强品质。中国人在抗击疫情过程中展现出的英勇的斗争精神，令人钦佩。

疫情期间，重庆有一位老太太叫倪素英，她87岁，靠摆摊卖货为生，30年来攒了20万元。为了抗击疫情，她把这20万元的积蓄全都捐出去了。她说："国家有难，我不能做旁观者。"虽然她并不富裕，但她希望把钱捐给那些更加需要帮助的人。这样的人不止她一个，很多海内外的中国人都纷纷献出爱心，他们中有的人捐钱，有的人捐赠口罩，有的人捐赠医疗设备。

中国就像一个孩子，他也会跌跌撞撞，但是很快就会从跌倒中站起来，而且会变得更加强大。

新型冠状病毒正在疯狂肆虐华夏大地，虽然这是一场没有硝烟的战争，但是战事却异常激烈。无数白衣战士在前线与死神搏斗，与病毒抗争，只为保护那些坚信祖国一定会战胜疫情的人们。

我知道很多外媒报道新冠肺炎时没有提及那些在春节离开爱人和孩子纷纷奔向岗位的医护工作者。这些医护工作者只有一个目的，那就是挽救生命，控制病毒的传播！

面对新冠肺炎疫情，不少人选择逃离武汉。但是有一名年轻的"95后"女医生，她叫甘如意，从荆州骑自行车前往武汉，花了4天3夜，骑了300多公里。她要逆行前往一线上班，帮助其他医生和病人。她拥有着无畏无惧的精神，面对困难迎难而上，毫不退缩。

面对疫情，医护工作者义无反顾地奔向最危险的疫区武汉，他们舍小家、保大家，选择了对自身最为不利的一个选项。这一选择超越了人之常态，彰显了责任与担当。

截至2月17号，中国各省（区、市）已经派出3.2万余名医务人员前往武汉支援，其中有1.1万名重症专业医护人员负责重症救治工作。在复杂的危重症救治当中，他们探索新的疾病治

疫情期间，学校线上直播，停课不停学

疗和阻断疫情传播的方式方法。

这种无私奉献的事例太多太多。人民团结一心，每次遇到困难的时候，总有不少人愿意伸出援手。

亲爱的，如果我说新冠肺炎对中国来说是福气，而不是诅咒，你信吗？不久的将来，你会看到一个新的中国，高科技和远程学习、远程办公将会变得不足为奇。2月3号，部分单位开始恢复生产。一切仿佛都回归正常，但是与之前不同的是大家都在家里办公学习。无论工作、学习，还是参加国家考试、购物，以及其他常规活动，都在家里完成，一部电脑或者手机就足够了！也许你没太明白。通过网络，所有的小朋友回到自

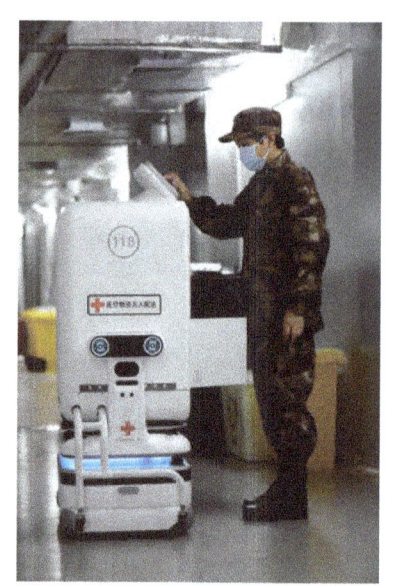

武汉火神山医院，智能送药机器人在为医护人员配送药品

己所在的幼儿园学习上课，练体操，唱儿歌……一个活动也没少。小学生也一样，通过网络，他们也回到了自己的课堂，在网上和同班同学一起上课。大学也同样开始授课了。

跟远程办公一样，所有的教学都是使用在线模式，有的通过电视直播，有的是用手机和电脑直播，教学内容、教学气氛和过去相比没有任何变化或者差异，唯一的区别就是大家只是在自己的家里学习而已。你我都知道，即使是在某些西方国家，远程教育和在线教育也属于贵族消费。有人说，远程教育是高质量教育。

我有一位朋友，每次有人问她："你为什么不离开中国？"她就回答："我生活在你们的将来，为什么离开将来回到过去!"通过这次疫情,中国已经开始往智慧城市生活模式迈出了第一步,也在人们的社会意识中打下了基础。不久以后,在中国的生活就会像在科幻电影中所看到的那样,一切都是由机器人和互联网完成的。通过机器人,人们可以轻松简单地完成一些事情,比如看病、购物、做饭、保洁等。你知道武汉是中国智慧城市项目试点城市吗?在武汉有机器人护士、机器人厨师、机器人服务员……然而,这还只是开始,接下来还有很多的惊喜。

我讲的这些只是沧海一粟。有很多像你这样的外国人,因为缺乏对中国文化和中国精神的了解和认识,便认为本次困难会打败中华民族,认为封闭道路、封闭城市、命令所有工厂和公司停工、推迟一切活动等措施会让中国气息奄奄。

在这次疫情中,世人再次看到了一个负责任大国的号召力和执行力。疫情刚暴发,中国政府很快采取了一系列果断有效的措施。任何人都会承认中国政府为抗击疫情所采取的措施令人惊叹。中国用果断、全面的防控措施迅速有效地应对这场突发疫情,为世界树立了处理公共安全卫生事件的新标杆,同时也让全世界人民看见了中国的决心:宁可牺牲中国人自己的经济，也要保护世界人民的健康。

亲爱的，最近我也在看许多外国媒体的报道。西方媒体不会告诉你中国政府是怎样把56个民族调动起来，众志成城，打好病毒防疫战的。西方媒体的报道一点也不客观，根本没有提及与病毒做殊死搏斗的勇敢的中国医护人员和普通公民，没有展示中国人民无私无畏的奉献精神。

最后，我只想告诉你，必须相信中国，相信中国将很快从这一磨难中走出来，并变得更加强大！

伊奈斯

2020年2月20日

作者简介

尼娜·费利恰·盖尔曼，罗马尼亚人，在罗马尼亚新闻界从业15年，具有丰富的新闻媒体经验。曾圆满完成了数百次政治及社会性大事件的报道任务。此外，还曾担任罗马尼亚克鲁日巴贝什·博莱伊大学政治科学、管理及传媒系媒体教员。2011年来到中国，成为中国国际广播电台罗马尼亚语部记者。

抗疫心声

我决定留在北京，与我的同事、朋友们，与中国人民在一起。我的热血现在为两种文化而流淌：罗马尼亚和中国。

这也是我的斗争

[罗马尼亚] 尼娜·费利恰·盖尔曼

> 历史长河中,中国人一次又一次证明:在他们的词典中没有"不可能"一词。当中华民族到了危急时刻,全体人民就会挺身而出,用自己的血肉筑起一座新的长城。

亲爱的妈妈爸爸:

给你们写下这一行行文字时,我的双眼已被泪水浸湿,但同时也满含笑意。中国的新型冠状病毒疫情形势依然严峻。但在充斥着斗争与焦虑的黑暗中,希望与光明始终就在前方,鼓舞着这个我所热爱的国家。新冠疫情暴发在中国农历新年前,在此之前,我深爱着这个国家,而以后我也会依然热爱她。面对疫情危机,中国人民正在进行艰苦卓绝的斗争。此次疫情暴发于中国湖北省的省会武汉。这座大都市位于中国中部,拥有1100多万常住人口。疫情暴发后,迅速由武汉蔓延到中国很多城市。

联防联控战疫情，社区工作人员和保安在北京街头各胡同疫情检查站执勤

你们不必为我担心。中国政府为保护人们的生命安全，采取了强有力的措施。由衷地说，我不知道世界上还有哪个国家能够像中国一样，如此坚定而果断地行动起来。中国对疫情严重的城市实行封闭管理，甚至取消了国家层面承办的世界级大型活动。政府持续不断地为市民免费发放了数十亿的口罩，不厌其烦地在各种场合告知市民如何做好防护，如何进行基本的消毒工作，以及在紧急情况下如何第一时间得到救助。所有存在感染风险的区域一律实行封闭管理。在医院入口处设置体温测量点，医护人员随时准备接收患者。不仅仅是医院，所有的企事业单位、公司、超市、公园，只要进入，第一时间要测量体温。除此之外，对超市里的每一辆购物车、城市里所有的公共交通工具都会进行严格消毒。人们在乘坐公共交通工具时也

必须先测量体温。在北京这座有着近2200万常住人口的大都市里，所有居民小区都处在严格的防控措施之下。我亲爱的爸爸妈妈，你们知道这具体是指什么吗？所有的居民小区只留一个出入口，其他出入口临时封闭。每位要进入小区的人员都要在入口检查站申报自己从哪里来，到哪里去，是否去过湖北，是否与湖北人有过接触等信息，然后再测量体温，合格后才能进入小区。与此同时，快递员等外来人员禁止进入小区，居民需要到小区门口收取快递。我居住的公寓对面就是一个小区。这些都是我站在自己宿舍窗前看到的情况。小区门口的安保人员和志愿者们每天24小时值班，他们的坚守让我们对战胜疫情拥有了更坚定的信心。通过这些细节，你们一定可以感受到中国政府在战胜新冠病毒疫情斗争中所付出的巨大努力。不仅仅是北京，在全国各地，政府严格的防控措施都在被认真地贯彻执行着。甚至所有从外地回到居住地的中国人或外国人，都需要自行隔离14天。因为中国的专家说，新型冠状病毒的潜伏期通常不超过14天。即便在潜伏期，病毒也是具有传染性的，这一点与"非典"病毒不同。

我居住的公寓四周街道少见行人，略显萧条，这种情况对于平时繁华热闹的北京来说并不正常。这是因为人们响应政府号召，尽量避免到公共场所活动。大家都很平静，尊重政府的建议，注意防护并时刻保持警惕。这里见不到恐慌，没有歇斯底里的焦虑。人们出门都戴着口罩，认真遵守着专家的建议。中国人的自律与团结在此时此刻显现得尤为突出。2020年的农历新年开始于一场严峻的考验，这场考验会带来牺牲和损失。代价似乎有些太大了。但当所有中国人都积极投入到这场斗争中时，胜利必将属于他们。言必行，行必果。中国人民的团结一致及其在重大危机事件中表现出来的行动力令人称赞。在已封城的武汉——这座中国中部的工业和商业重镇，此次新冠肺

横跨汉口武昌长江两岸的长江二桥"中国加油""武汉加油"灯光亮起

炎暴发的中心，人们自发走上自家阳台，齐声高唱国歌和爱国歌曲《歌唱祖国》。网站、博客等社交媒体上，老百姓制作的各类小视频随处可见。这些视频为大家鼓劲，提供解决问题的方法，让人感动得潸然泪下。即使是我们这些外国人也被这些正能量所鼓舞。你的耳边总会时不时地响起"中国加油！武汉加油！"。历史长河中，中国人一次又一次证明：在他们的词典中没有"不可能"一词。爸爸、妈妈，你们知道吗，当中华民族到了危急时刻，全体人民就会挺身而出，用自己的血肉筑起一座新的长城。这是中华人民共和国国歌里所唱的，这充分体现着中国人民的顽强意志。而这些日子里的所见所闻，更让我深刻感受到了这股强大力量的存在。所以，我决定留在北京，与我的同事、朋友们，与中国人民在一起。我的热血现在为两种文化而流淌：罗马尼亚和中国。

亲爱的爸爸妈妈，这些日子，我感觉自己工作干劲十足，甚至超越以往。这也是我的斗争。我要与我的同事和中国人民一起，为了阻止新型冠状病毒的肆虐而并肩作战。我保持着乐观的情绪，遵循政府的各类指导；我做好防护，时刻保持警惕；我的内心很平静，心态前所未有的平和。面对逝者、面对繁重而艰巨的抗疫工作,中国人民的遭遇让我痛心。无数的医务工作者、研究人员、军人和其他参与到抗疫斗争中的人们殚精竭虑,他们每一分每一秒都在艰苦的抗疫一线承受着巨大的压力。然而,中国已经从2003年抗击"非典"的斗争中积累了经验,要知道那时的"非典"病毒曾经在全世界夺走了900多人的生命。17年的时间,中国的卫生健康保障体系得以完善,相关领域的研究和认知更加深入、信息更全面、装备更加精良。与此同时,广大民众也对病毒有了全新的认识。当然,我们还不了解恐怖的新型冠状病毒,夜以继日地研究仍然没能把它认清,所以才使得抗疫过程如此艰难。对抗病毒的方法不是一天两天就能找到的,然而人们并没有放弃,仍在进行着不懈的努力。目前,中国医学专家的研究已经取得了新的进展。他们成功分离出病毒毒株,为下一步研制新型冠状病毒疫苗奠定了基础。"这是人与大自然的斗争。我们唯一可用的武器就是医疗科学。而只有虔诚的态度和足够的耐心才能赢得这场战役。"疫苗的研制工作正在紧锣密鼓地进行,有望在几个月内取得成果。中国南方一家实验室的研究人员专门从事呼吸道疾病的研究工作,在极短的时间内他们成功找到了一种检测冠

重庆市綦江区第三批赴鄂医疗队队员挥舞旗帜，整装待发

状病毒的方法。通过抽血检测，就能在15分钟内检测出新冠病毒。这一成果值得称道，它大大缩短了新型冠状病毒的诊断时间。爸爸妈妈，我还想告诉你们，来自中国29个省、自治区、直辖市及部队系统的3万余名医护人员，在疫情暴发之初就已抵达湖北，24小时奋战在抗击新型冠状病毒的最前线。遗憾的是，他们中的一些人不幸在工作中被病毒感染，牺牲在工作岗位上。他们舍己为人，将宝贵的生命奉献给了救治同胞的事业。

亲爱的爸爸妈妈，我还有其他振奋人心的消息。中国政府宣布，北京市政府将在6天时间内把一座工厂改建为口罩生产厂。这个工厂的防护口罩生产能力将达到日均25万只,生产出来的口罩将提供给疫情最严重的湖北使用。中国人民面对疫情所表现出来的果敢与行动力还有着更多的例证。武汉当地政府从"非典"疫情的防控工作中汲取了很多经验,比如他们临时建立起来的火神山医院和雷神山医院,专门用来收治确诊病人;比如他们紧急用展览中心和体育、文化中心改建的方舱医院,用来收治症状较轻的病人。中国有能力对危机作出迅速反应,在短时间内进行决策并付诸执行。危急时刻,果断的决策才能够启动两所医院的建设工作,并将国有土地交给使用方使用。这正是两所医院能够迅速完工并在短时间内投入使用的原因。值得一提的还有,中国能够保证足够的劳动力及时就位,从而在确保工程质量的同时提高建设效率。此外,高效而先进的技术在追踪受感染患者和疑似患者方面也起到了极其重要的作用。

爸爸妈妈,这些是中国政府应对危机的真实情况。强大的分析和决策能力、惊人的执行速度、由14亿人民的鼎力支持转化而成的不可阻挡的力量。中央政府主导的抗疫措施具有很强的社会示范作用,也是中国对危机的快速反应。此时此刻,难以想象的一场对抗新型冠状病毒的战役正在进行。危机的到来让人始料不及,问题复杂而棘手。毫无疑问这是对中国政府公共危机处理能力,更是对中国国家治理能力的一场大考。必须肯定的是,危难之时建立的疫情防控体系,是中国人民巨大努力的成果。该体系覆盖全国,兼顾城市和农村,并已取得了成效。这让我可以自信地说,黎明即将到来,胜利的曙光很快就会照耀我们。

火神山医院重症医学一科医护人员正在检查患者身体状况,并和患者相互点赞加油

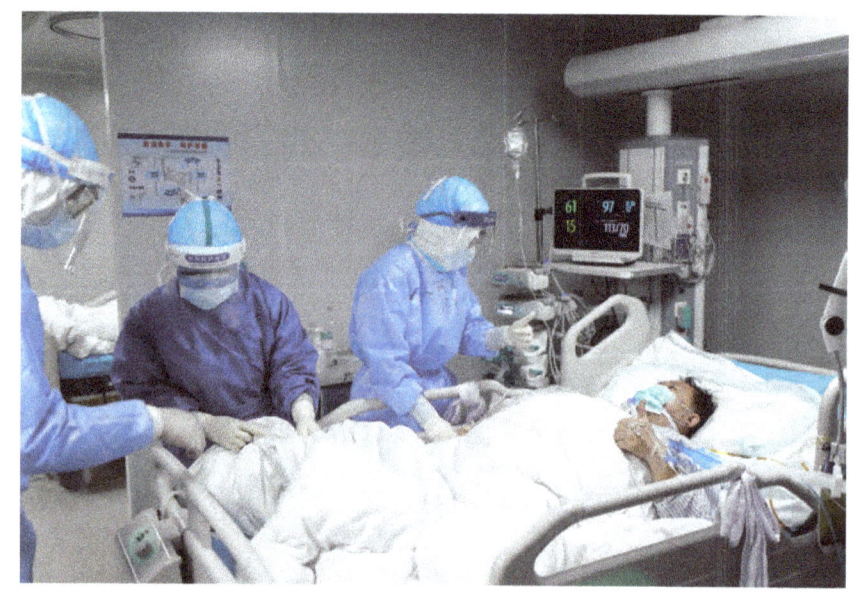

再艰难的考验也难不倒不屈不挠的中国人民。他们必将赢得抗击新冠病毒斗争的胜利。故宫大殿前伫立的"天灯"与"万寿灯"熠熠生辉，一如既往地照亮人世间的美好。我相信中国政府采取的果断决策。我坚信，中国人民必将渡过难关，并从中吸取更多的经验。"大考"之后的中国在未来的发展中，必将更加强大，更加睿智，更加坚定。我在中国已经生活了9年时间，而我永远都是中国人民毫无保留的朋友。爸爸妈妈，请把我的这些话告诉你们周围的邻居、亲戚、朋友，告诉所有你们认识的人。我想让更多的罗马尼亚同胞了解这场斗争，知道中国人民正在为战胜新型冠状病毒所付出的牺牲。

爱你们的尼娜

2020年2月18日 于北京

作者简介

帕特，刚果金人，华中师范大学英语文学专业翻译方向在读博士研究生，曾担任华中师大"洋雷锋"志愿队队长，荣获多项优秀志愿者称号。2019年度获得华中师范大学外国语学院研究生"语思学子"和华中师范大学校长奖，同年在亚马逊出版小说《缘分还是巧合》。

抗疫心声

在过去的这一个月，我有机会真正窥见中国人的内心，从中国人遇到危难的天然反应中明白，舍己为人是中国人与生俱来的基因。

良知的呼唤

[刚果金]帕特

我在武汉封城之初接受香港记者采访时说:"疫情无国界,但中国能创造奇迹。"如今我更加笃定,就算病毒再强大,也强大不过这个国家。

远在故乡的亲人和朋友们:

见信如面!你们好吗?隔着万里,虽然我们每天都能在屏幕上见面,但也无法抵挡我对你们那汹涌如潮水般的思念。我能想象得到当你们收到我这封信时激动却又忐忑不安的心情,因为突然暴发的疫情,2020年的开端变得跟往年很不一样,这也增添了我们彼此的牵挂。我想对你们说:我在这里,我在武汉,一切都好,请不要为我担心!

昨天,武汉下起了今年的第一场雪,看着那雪花漫舞的情景,我在想:如果这就是大家期盼的病毒消灭剂,那该多好啊!病毒消失了,武汉才能一展往日的欢颜,武汉人才能延续

四川蒲江"爱心物资"排长龙驰援武汉

往日的幸福。中国有句老话,叫"瑞雪兆丰年",我相信中国尤其是武汉的2020年,一定是胜利的一年。

你们知道吗?疫情暴发以后,国家主席习近平亲自指挥这场抗疫阻击战。为了阻止疫情蔓延到其他地区,湖北省做出了一个重要的决定:封一座城,保一国人。政府对我所在的城——武汉——我的第二故乡进行封闭式管理,封户封楼,每户排查。截至2月13日,中国政府总共派出180多支医疗队、3个院士团队,举全国之力支援武汉、支援湖北。为了更好地收治病人,1月23日武汉决定建设火神山医院,仅用10天时间,这所医院就建设完工。外国一名脱口秀主持人诙谐地说,这是在以光速建一所医院。

在这场抗疫阻击战中有很多让人感动的人和事。医护人员自告奋勇冲向一线,甚至有的人为了方便穿防护服,不惜剃去长发；武汉的警察日夜严守着整座城市；全国多家企业员工在春节假期放弃与家人团聚，投身于口罩生产；海外的中国人从国外"人肉"背回口罩，捐给疫区；各地百姓纷纷捐款捐物、运送蔬菜水果，保障武汉人民的日常生活所需；各路志愿者接送医护人员；四川汶川村民开车36个小时驰援武汉100吨蔬菜；……在中国，在武汉，在我们的身边，每天都上演着无数个暖心的故事。每当想到这些，我都会哽咽落泪，我知道，在我们的身后，很多人为了我们的生命安全，默默地用自己的付出抵挡着病毒。

在他们当中，有骑车返岗的甘如意。没有私家车，公共交通也中断了，"95后"医生甘如意单车骑行四天三夜返岗，而

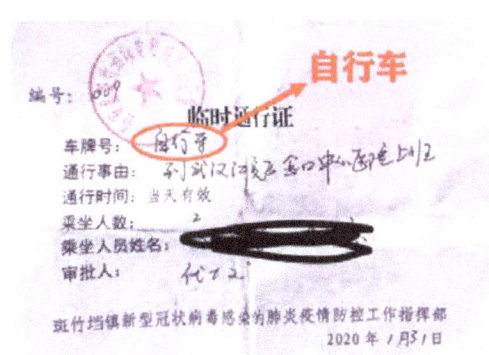

甘如意骑自行车回武汉时使用的临时通行证

我接受CCTV法语国际频道采访时,表示对中国战胜病毒疫情充满信心

她的老家距离医院300多公里!在他们当中,有离开8个月大的女儿奔赴一线的李薇薇。李薇薇是武汉的一名医生,奔赴抗疫一线前,她将8个月的女儿送回了河南老家。

在他们当中,有慷慨解囊的郭大娘。黑龙江双鸭山80岁的郭大娘把一张五万元的定期存折和写有密码的纸条递给民警,希望他们代为捐助,支持抗击疫情。

在他们当中,有为生命分秒必争的周婵。周婵是武汉市急救中心120调度员,疫情期间他们一天最多接过15700多个电话。周婵说:"非常时期,时间就是生命啊!"

…………

中国政府集中力量办大事的治理能力、中国人民众志成城的精神令人感动。

前面讲了这么多，其实我自己也在跟武汉人民一起奋战呢，下面跟你们分享一下我参与的武汉战"疫"故事吧！

因为在我的祖国发生过不少疫情，所以在1月21日晚上，我看到疫情越来越严重后，就从物资援助、公共设施的管理、社区预防、公益宣传等几个方面写了一封抗击疫情的建议书，希望能帮到大家。

目前，我有时会接受采访，也会在一些平台上提醒大家好好注意防护，不要感到孤单，因为每个人都不是孤身在战斗，中国政府和世界卫生组织，还有世界其他国家和组织机构一直都在为共同抵抗病毒积极行动。

我用汉语、英语、法语和林格拉语拍了一些视频，并发布出去了。我想让更多的人充满信心，希望所有的人都永不放弃，共同努力，这样大家才能战胜疫情，在中国以外的亲人朋友们才不会太担心我们。

有时候我会通过写文章来安慰和鼓励其他留学生及武汉本地人。我还写了一封以《良知的呼唤》为题的信，告诉世界人民，大家要学会互相帮助、互相保护、换位思考。您如果离开中国，万一您已经被感染，在回国的路上有可能传染给别人。

您伤害到的不只是您自己和家人，还有无辜的陌路人。现在如果因为中国出现新冠肺炎疫情而离开中国，跑回自己的国家，那中国好起来后您还好意思回来吗？

中国有一句话，"吃水不忘挖井人"，所以我没有选择回国，我要留下来跟武汉一起战斗！"Nous vivons ensemble, nous mourrons ensemble."这句法语的意思是："共同生活，共赴死亡。"相当于中国"风雨同舟，过命之交"的意思。

习近平总书记曾说过："中国人民不仅希望自己过得好，也希望各国人民过得好。"从这句话中我找到了支持和帮助中国人的理由。在过去的这一个月，我有机会真正窥见中国人的内心，从中国人遇到危难的天然反应中明白，舍己为人是中国人与生俱来的基因。亲人和朋友们，请你们放心吧！我们会好好的，胜利必定会来！同心共筑中国梦，因为中国好了，世界才会更好。我和中国永远在一起。我爱中国，我爱武汉！

帕特

2020年2月20日

作者简介

爱德华·高恩，英国人，毕业于英国萨塞克斯大学，之后加入WPP集团工作，2013年被公司派遣到中国上海工作。2017年与妻子廖敏欣共同创办江西省首家洋民宿——婺源天净沙。

抗疫心声

2019年底全家回英国过圣诞期间听闻武汉有新型冠状病毒的消息。2020年1月回中国后，疫情开始暴发，民宿于1月26日起暂时停业。其间英国政府号召所有英国公民及直系亲属均应暂回英国，但看到中国政府上到中央下到村镇都在有序地防疫，决定留在农村和大家共同抗疫。

我在婺源挺好的
［英国］爱德华·高恩

我不认为世界上其他的国家能有如此强大的号召力，能将人民团结在一起、步调一致、集中阻止病毒的扩散。

亲爱的哥哥詹姆斯：

如你所知，在中国，我们最近两个月受到了新型冠状病毒的影响。但是，我还是打算留在这里，而不是回到澳大利亚和你在一起或者回到英格兰。我认为与中国和中国人民在一起是我的责任。特别是在婺源，我非常安全，这是一个充满生机的绿色乡村，有着清澈的河水和茂密的山林，每天我都可以去骑自行车，而在澳大利亚做不了这些！

婺源人民的大气和奉献精神深深地感染了我。在伟大的中国共产党的领导下，村干部一直在严防疫情。一点问题也没有，每个人都真切地知道现在采取的一切措施都是为了大家的

中国最美乡村——婺源

安全。如果有需要,村干部甚至会为大家去集市上买菜。我们很幸运,生活在一个菜地成片、家禽成群、果树环绕的村庄里。在这里饿肚子是不可能的!现在,我们感觉像是在放长假。我们的乡长一天24小时吃住在乡政府,以便随时应对突发状况。他不能像我们其他人一样,能有时间和家人在一起放松。我希望他能早点休息。

我们英国人向来都是非常冷静的,我也尝试告诉我的妻子、孩子还有其他的家人:看微信上的虚假新闻和消息让大家恐慌或争吵是毫无意义的。我们能做的最好的事情就是继续生

疫情期间的婺源

活,尽我们所能适应变化。我发现婺源的百姓也具有同样的特性。山村上最安静、最小的村庄里是没有正式的"管理人员"的,只有一个老村民,带着一把椅子,用树枝搭成临时的路障。他面带微笑,很高兴地和我们拉家常,但却会很严肃地告诉我们,不是该村庄的村民一律不得入内。我不知道世界上其

镇里的书记在疫情最严重的时候送给我们两包口罩

他的地方是否能够做到这样。我不认为世界上其他的国家能有如此强大的号召力,能将人民团结在一起、步调一致、集中阻止病毒的扩散。虽然这些举措会给人们带来一些焦虑,暂缓经济的发展,但这是正确的。

我的经历告诉我,我的大多数外国朋友看到的西方媒体发布的夸张的消息是非常不真实的。也许这就是新闻媒体的本质。每个新闻人都希望抓住新闻热点博得眼球,以求牟利。没有新闻记者会写飞机安全降落的新闻,只会报道坠机事件。我有很多外国朋友在中国，他们也和我一样，决定和家人一起留在中国。生活比往常安静了一些，这也让很多人有了享受春光的机会。

像其他季节性流感一样，这种病毒不太可能会存活到夏季。我希望到那时你可以回到婺源，再和我们一起去爬山，在当地村民的后院里吃猪头肉。

中国受到了一定的影响，但她一定会好起来的。我也希望你赶快回到这里。

你的弟弟：爱德华

2020年2月25日

于江西婺源思溪延村天净沙

作者简介

马克·力文，1948年出生于洛杉矶，社会学博士，美国乡村音乐人，慈善事业组织者，专栏作家。现任中国社会科学学院、中央民族大学教授。

疫情期间正值寒假，他选择留在北京。在家自主隔离时，他撰写了新书，讲述在中国十多年的生活经历；他积极准备开学后的线上课程，调整原来的授课内容。同时他也随时看新闻了解疫情状况，问候在中国的朋友、学生，给他们加油打气。

抗疫心声

抗击这次疫情，不仅是中国的责任，更需要全球范围内所有人的共同努力。

我要写下这灾难

[美国] 马克·力文

为什么我要写下这灾难？答案很简单，因为我要写下中国举国上下的万众一心。

我在美国的亲爱的朋友们：

希望你们一切安好。我一直在阅读有关美国流感再次造成可怕后果的新闻报道。我在这里的朋友，有中国人和其他国家友人，希望大洋彼岸的人们都能渡过这次难关。据我所知，中国这几个月一直在应对由新型冠状病毒引发的肺炎疫情。在形势严峻的情况下，看着中国政府出台的各项措施以及每个中国人的积极响应，我不禁为之印象深刻。其实，这并不是中国人民第一次应对这样的让我印象深刻的危机。

自从我2005年第一次来到中国，我写的关于中国的歌曲中就有几首谈到了这里发生的灾难。《冻结的梦》与2008年冬季的异常天气有关，突如其来的暴雪在当时像现在一样冻结了春运大部分的交通运输系统。中国的春节是全球最大的年度大规模人口迁移。仅仅几个月后，我的歌曲《地震 地震》就谈到了四川汶川的地震，这场地震造成约7万人死亡。2009年，我又写了《雨，走开点》，它讲述了中国南方洪水造成的大规模破坏。

为什么我要写下这些灾难？答案很简单。虽然每首歌都在谈论当时特定的灾难和由此引发的可怕后果，但更重要的是，都谈到中国对灾难的应对措施，谈到了中国举国上下万众一心对抗灾难。中国政府、人民、军队、警察齐心协力，共同应对这一局势。而且，尽管我还没有开始写这次疫情的歌，但是我发现以往所有的应对措施都出现在了这次新型冠状病毒的斗争中。通过以下几个例子我们不难看出……

湖北省武汉市是疫情严重的城市，除紧急调度外，政府对武汉所有人员限制出入，并出台了相应的隔离措施。同时，在北京，任何有症状的人或进城的人都必须进行14天的隔离，包括我本人在内的数百万人都在家自我隔离。

来自全国各地的200多支医疗队伍和近4万名医护人员已经

马克·力文的居家隔离生活

抵达武汉,以提供帮助。

仅用很短时间就在武汉建立了两所拥有上千张床位的医院,以治疗患者。

为了控制病毒传播,政府宣布春季延迟开学,学校线下停课,有2亿人开始学习线上课程,以确保他们可以足不出户继续接受教育。同时,我们收到了通知,要着手准备线上授课,这我没有一点经验。这个学期我被安排教三门不同的课程:英国文学史、公共演讲和"辩论"。接下来我花了三天时间来调整课程内容,并努力学习使用新的教学工具。这是很大的工作量,但正如我对同事们和朋友们所说的那样,我每次都很珍惜学习新事物的机会。我的课将于明天(2月24日)开始。

无论如何,很明显,14亿中国人的生活都因为这次疫情而被影响。以我为例,我本来计划在北京度过寒假,写我的新书《我在中国的5000个日夜》。此外,我本计划给一些青少年演讲比赛当评委,并计划在1月24日的除夕夜去我一位中国同事的家里过年。但是,新型冠状病毒的出现改变了我的计划。我取消了24日的计划,并开始在自己的公寓中进行自我隔离。演讲比赛和其他一些活动也被取消了,但隔离却有助于我专心写作。

除了写作和备课,我还与我的许多学生和朋友保持联系,了解他们在做什么。在这段时间里,我认识的许多武汉人中,没有谁或者他们认识的朋友感染了新型冠状病毒。同样,许多

马克·力文线上授课

国家的学生和朋友也定期与我联系，询问我是否健康。另外，《北京青年报》和《人民日报》等多家媒体也与我联系，采访我有关当前情况的看法。

自隔离以来，我只去附近的一家超市买东西。在北京，尽管我周边的街区都仍然十分安静，但我还是注意到了一些变化。例如，当我1月28日去商场的时候，平常在上午8点就开始营业的商场还没有开门。我大约是在9：55到达商场的，那时外

北京商场的新鲜蔬菜供应充足

面大约站了30个人。5分钟后，门终于开了，所有人都拥了进去，不一会儿，一半以上的蔬菜就销售完了。还有一个畅销货是口罩。我买了一些蔬菜和两个口罩。在从商场回家的路上，我注意到有几家餐馆，因为春节前备货充足如今却无人光顾，所以摆起了路边摊，销售自己的蔬菜。

没有过几天，我第二次再去购物的时候，来商场的人变少了。现在食物供应很充足，但口罩很紧缺（我后来从一个长期销售口罩的朋友那里订购了20个）。几周后，再去超市，就需要进行体温测量后才能进入了。到了2月19日我生日的那天，变化更大了。更少顾客自己来购物了，原因是商场工作人员都在为顾客打包邮寄。之前商场里的商品大部分是散装的，很少会被打包。但现在大部分的商品都被打包并算好了价钱，这样顾客可以拿着就走，更快离开商场。

在过去的一周，这15分钟走到超市的路程也发生了变化。附近以小吃而闻名全国的店铺也开始陆续营业了，虽然不是大多数。在我隔离期间只有几家便利店在营业。大约两个星期前，一家著名的街坊面包店重新营业，奶茶店也有两家开始营业。截至目前，虽然大多数企业仍没有复工，但这条美食街开始变得活跃起来了。

中国现在正在极力地控制疫情的蔓延，但我仍然发现一件令人担忧的事情。除了写作、备课等，我每天都会花一些时间来阅读新闻，尤其是关于新型冠状病毒的新闻。我所关注的不仅是被外国媒体大量扩散的错误的信息，还关注这些歪曲的事实如何在美国和世界其他地区被反华势力所利用。

抗击这次疫情，不仅是中国的责任，更需要全球范围内所有人的共同努力，需要我们大家一起迅速战胜病毒。请加入我们的战斗，并鼓励更多的人一起加入我们吧！

中国挺住！一切都会好起来的！

马克

2020年2月23日于北京

作者简介

吴宝强，柬埔寨人，2017年毕业于柬埔寨理工学院，获得信息与通信工程专业本科学位，现为武汉大学计算机学院网络空间安全专业硕士研究生。疫情期间在武汉大学寝室隔离，撰写毕业论文。

抗疫心声

人与人之间，国家与国家之间，只要团结起来，再大的困难都会过去，希望以后世界各国可以团结起来，没有针锋相对，没有各种歧视，人们都平平安安。

患难见真情

[柬埔寨] 吴宝强

在这个特殊的时刻，有许多外国友人选择留在中国，与中国人民同呼吸，共命运，共同抗击疫情。患难见真情，他们有些人与中国医生一起抢救病人，有些人主动担任志愿者，有些人为疫区捐赠物资。

亲爱的妈妈：

您好！

我现在在学校宿舍很安全，食物很充足。自1月新冠肺炎疫情暴发以来，中国政府尤其是学校对我们非常照顾与关爱。为了我们和全世界人民的安全，武汉政府决定自1月23号起封城。虽然这是一个看起来不太好的决定，但为了大家的安全，政府也是迫不得已而为之，毕竟这是目前阻止疫情扩散最好的方法。当然，这样做除了会引起各种恐慌、口罩紧缺、物流不畅等，还会影响全武汉人民甚至全中国人民的经济，比如人们没法上班、各行各业关门歇业。同时，这也对世界其他国家的经济产生了影响，毕竟中国是一个经济大国。目前，为了阻止疫情扩散、减少人口流动，湖北省尤其是武汉市仍然处于交通管制状态。

在得知23号上午10点要封城的消息的时候，我和我的朋友以及同胞们，一开始是想用尽一切方法离开武汉，甚至有人建议先离开武汉到长沙，然后坐飞机回家，毕竟离真正封城还有几个小时的时间。但是我想来想去，感觉不安全，因为会有很多人也是这么想的。最后，为了确保安全，我们一致决定先留在学校。为了确保留校学生的安全，各所学校陆续决定封校，除了运送生活物资者等特殊人员外，其他人一律不得进入学校。我们学校也是在第一时间封校，并且决定为留校的学生和老师们免费提供三餐。下面的图是学校提供的晚餐，还挺丰富的，有三个菜和一个鸡排。每一餐都不一样，比如早上有馒头和牛奶，中午和晚上都有饭有菜。学校超市里的物品也挺充足，什么类型的都有。学校的超市还提供免费送货上门服务，意思就是如果我们想买东西，可以通过微信小程序进行购买，然后超市会在统一时间送货上门。此外，学校还给我们留校的学生每个人发了两个口罩，在学校的超市也可以购买口罩，每

学校分配的晚餐及供应充足的校园超市

人限买一盒，一盒50个，这让我安心了不少。

1月30号左右，当留在武汉的部分外国人开始准备离开武汉的时候，我心里开始慌了，也想回去。但我想了想：万一我感染了呢？为了家里的安全，我还是不回家的好。后来，得知洪森首相决定不撤侨，当时我突然觉得有点心情不好，但我转念一想，他这么决定是正确的，毕竟中柬两国人民友谊深厚，应该有福同享，有难同当。妈妈，我知道您很想让我回家团聚，我是独生子，您怕我有任何危险，但我现在可以肯定地告诉您：您的儿子是安全的。洪森首相答应我们，每个月为我们提供3000多元（人民币）的生活费，直到疫情完全结束。还有柬埔寨的教育部、外交部、学生会的人，他们也特别关心我们的身体状况，天天问候我们身体怎么样啊，有没有人有什么问题啊，需要什么帮助啊，等等，所以您不用担心，放心吧，我们没事的。

2月4号，洪森首相表示要亲自来武汉慰问留学生，但被中国政府婉言拒绝，毕竟武汉是中国疫情最严重的地方。最后，洪森首相将访问地点改为北京，并且说一定会保护我们的安全，柬埔寨人民将同中国人民患难与共。当时我非常感动，毕竟在这个艰难时刻，我们国家的领导人还挂念着我们，还想着来中国看望我们。

有一件事我想想还是要告诉您，那就是在2月6号我突然发烧了，体温37.5摄氏度，而且吃了退烧药也不管用。当时我真的很害怕，怕万一感染了怎么办。到8号的时候，我去学校医院检查——验血和做X光，发现胸部没有问题，但血液有异常。医生建议去武汉大学中南医院做个CT检查一下。当医生跟我说我的病情很严重的时候，我非常害怕，我怕感染新冠肺炎了，这个想法确实把我吓着了。因为当时酒店房间紧缺，医生让我先回寝室隔离。学校已经封了，而且没有交通工具去武汉大学中南医院检查。我跟老师汇报了这个情况，他跟学院院长、校医院院长开了个会，最后决定先让我在寝室隔离观察。寝室现在只剩下我一个人，其他三个人已经回国了。

到了10号，我还是低烧不退。我去校医院复查，结果显示还是有问题，没有任何好转的迹象。校医院的医生建议我去武汉大学中南医院做个核酸检测。这次我去了。去之前，为了防止我感染，老师和校医院院长给了我防护服和N95口罩。中南医院的检查结果显示，我没有感染新冠肺炎。校医院院长让我先在寝室隔离，按时吃药。从那天起到现在，校医院每天打电话，询问我的身体情况。老师每天也会发微信问我身体怎么样，体温多少，等等。我的一日三餐都有人送到门口，免得我去外面不安全。我感觉非常幸福，有那么多的人关心我，包括学校的领导与老师、我们国家外交部与教育部的人。他们把我照顾得非常好，让我很感动。现在我已经退烧痊愈了，但还是不能放松警惕，要平平安安的，才对得起这些人的关心和照顾。

我发现，这次疫情让中国尤其是武汉受到了全世界的关注，尤其是医学界的特别关注。很多国家纷纷捐赠口罩、医用防护服等医疗物资，以各种方式表达他们对中国尤其是对武汉的关心和支持。在这个特殊的时刻，有许多外国友人选择留在中国，与中国人民同呼吸，共命运，共同抗击疫情。患难见真

2020年2月10日，塔吉克斯坦捐赠的40余万件医疗防疫物资抵达中塔卡拉苏口岸

情，他们有些人与中国医生一起抢救病人，有些人主动担任志愿者，有些人为疫区捐赠物资。最重要的是，对一座有千万人口的城市进行封城，在人类历史上，我几乎没有看到哪一座城市的人像武汉人那样团结、有序、遵守法律和听从安排。在武汉，火神山医院、雷神山医院和多所方舱医院在很短的时间内相继建成并投入使用，我觉得世界上可能没有任何一个国家有这么大的能力。

在这次疫情中，我觉得全中国甚至是全世界最值得敬佩的人是医生，他们很伟大，不惜冒着生命危险抢救病人，确保病人的安全。让人痛惜的是，有很多非常优秀的医生被感染，有的甚至不幸离开了人世，但他们不怕牺牲、救死扶伤的精神永远留在人们的心间。抗击新冠肺炎疫情，就像一场没有硝烟的战争，在这场战争中，无论是奋战在一线的医护人员，还是坚守岗位的警察，甚至是待在家里不给政府添乱的居民……中国的每一个人都在用自己的方式抗疫。

现在我明白一个道理，人类在大自然和病毒面前是多么渺小、多么无助，希望人类从这次疫情中吸取教训，敬畏大自然，不要再出现类似事件。同时，我也懂得了，人与人之间，国家与国家之间，只要团结起来，再大的困难都会过去，希望以后世界各国可以团结起来，没有针锋相对，没有各种歧视，人们都平平安安。

妈，等疫情结束之后，我一定会平平安安地回家团聚。祝您身体健康、万事如意！

您的儿子：吴宝强

2020年2月25日

作者简介

布什拉·纳兹，来自巴基斯坦。2007年毕业于北京语言大学。2009年至2014年在中国国际广播台担任乌尔都语外籍专家，现为北京外国语大学亚非学院乌尔都语外教。

抗疫心声

我不会因为中国遇到困难就离开这个让我梦想开花的地方，离开这个值得骄傲的国度。

风雨无阻，永远同行

[巴基斯坦] 布什拉·纳兹

在中国生活的时间越长，我见证的中国奇迹也就越多。随着对中国的了解越来越深，我明白，中国奇迹的背后是中国政府的坚定决心，是中华民族的坚强品格，是每个中国人的不懈奋斗。

亲爱的爸妈：

由于疫情，上周通电话时你们希望我能尽快离开北京回国。我能理解你们当家长的担忧，但此时，有些心里话我更想和你们说。

想想我来中国已经十多年了。我还记得当初知道自己被同济大学录取的时候，我整个人都是懵的。那时候我对中国的了解不多，只知道长城、中国菜和中文。虽然出国读书的机会很难得，但因为年纪小，又从没离开过家，当时的我并不是很想来中国读书。

后来，我还是来了中国。上海是我在中国生活的第一站。

那时候每天晚上你们都会给我打电话，而我，每一次在电话里，都哭着说想要回家。不得不承认，当时第一次离开你们，我真的很难过，希望四年的大学生活早早结束。而你们一次次在电话里给我安慰和鼓励，希望我能珍惜留学的机会，好好学习。毕竟，在当时的巴基斯坦没有多少女孩子能够有机会来中国读书。但年少的我还是很苦恼，偶尔会抱怨为什么没有人理解我的心情。

后来我慢慢习惯了在中国的生活，在这里读完了大学，找到了满意的工作。每次回国探亲，亲戚朋友们都觉得我能在中国读书、工作非常的幸运。最近几次回国，不少亲戚来找我，向我打听如何去中国留学的事儿。爸爸、妈妈，那时候你们心里应该也是很骄傲的吧。我想最让你们感到自豪的还是自己的女儿竟然有机会跟习近平主席见面吧。一次回家的时候，我发现你们已经把我和习主席的合影挂在客厅中最显眼的位置。

在中国待了十几年，这里慢慢地变成了我的第二个家。因为回国的时间很少，现在的我反倒觉得对北京更熟悉，更了解这里的生活、这里的朋友，甚至说中文都变成了我的习惯。我的婚礼是在北京举行的，两个孩子也都在北京出生。中国的朋友们都说我是中国通,当然我自己可不这么认为,要学习的地方还有很多。

是中国培养了我,成就了今天的我,而我怎么可能离开呢?仅仅因为疫情?因为此刻的中国遇到了困难吗?世界任何国家都可能遇到困难。难道咱们巴基斯坦就没有困难的时候吗?我是不会因为中国遇到困难就离开这个让我梦想开花的地方,离开这个值得骄傲的国度。

2003年,我亲眼见证了中国人在抗击"非典"中的努力。那时候我在北京学习。当时学校采取了很好的防控措施,通知我们没急事就不要出门,多注意卫生,不舒服立刻去医院,有事及时联系老师。学校把我们在"非典"之下的生活安排得井然有序,老师们每天都会关心我们的健康,因此,我一点也不担心,也没有想离开中国。那是我学生生涯中最有价值的一段时光,因为减少了各项活动,我可以全身心地投入到学习中。之后,你们也知道,在全中国人的共同努力下,"非典"很快地被打败了。

在中国生活的时间越长,我见证的中国奇迹也就越多。正如习近平主席所说:"30多年来,尽管遇到各种困难,但我们创造了第二次世界大战结束后一个国家经济高速增长持续时间最长的奇迹。我国经济总量在世界上的排名，改革开放之初是第十一；2005年超过法国，居第五；2006年超过英国，居第四；2007年超过德国，居第三；2009年超过日本，居第二。2010年，我国制造业规模超过美国，居世界第一。我们用几十年时间走完了发达国家几百年走过的发展历程，创造了世界发展的奇迹。"随着对中国的了解越来越深，我明白，中国奇迹的背后是中国政府的坚定决心，是中华民族的坚强品格，是每个中国人的不懈奋斗。

这次的抗疫也不例外，习近平主席说："中国有强大的动员能力和综合实力，有应对公共卫生事件的经验，一定能打赢这场疫情防控阻击战。"这向全世界宣告了中国抗击疫情的信心和能力。习近平主席在抗疫之初，就明确指出要将人民群众的生命安全和身体健康放在第一位。所以谁都不必担心，因为一个将人民放在第一位的政府是不会让人民受害的。

我记得在《习近平讲故事》这本书里有段关于巴基斯坦的话："中国人习惯把真正靠得住的朋友称为'铁杆'朋友，而巴基斯坦永远都是这样的'铁杆'朋友。巴基斯坦是将'中国

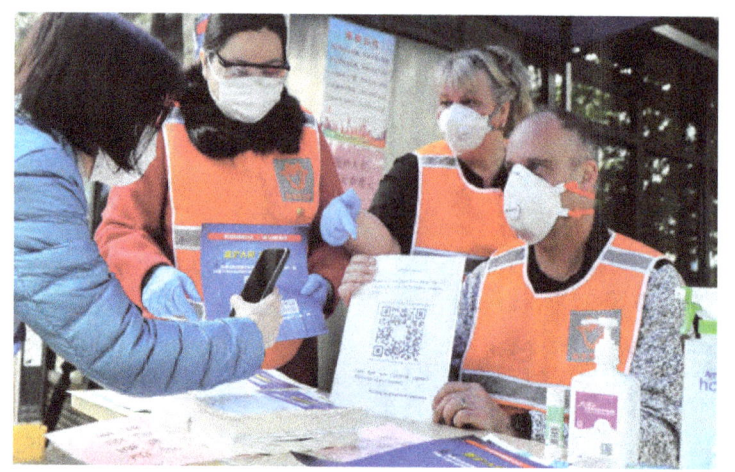

由来自瑞典的安妮和姚根组成的夫妇档志愿者在小区门口值守，参与社区疫情防控

是巴基斯坦的坚定盟友'写在小学课本上的国家，而中国唯一的'全天候战略合作伙伴'的国家就是巴基斯坦。"记得习近平主席第一次对巴基斯坦进行国事访问时说："与君初相识，犹如故人归。"也就是说，习近平主席虽然是第一次来到巴基斯坦，但他对巴基斯坦一点也不陌生。"一踏上这片美丽的土地，我和我的同事们就沉浸在热情友好的海洋之中，仿佛回到亲如手足的兄弟家中。"在巴基斯坦议会上，习近平深情地讲述了中巴两国交往、民间交流的故事，生动体现了中巴"风雨无阻，永远同行"的独一无二的情谊，诠释了中巴肝胆相照的信义之交、休戚与共的患难之交。

习近平主席的话正是我们每一位行走在中巴之间的人最真实的感受。爸爸、妈妈，今天我想告诉你们，我爱中国，我爱北京，我爱中国人民。此时此刻，我从心底庆幸当初来中国的决定；此时此刻，我想为中国、为中巴友谊做出贡献。虽然我不是医生，不是护士，除了真诚的祈祷我为那些病人们做不了什么，但是当别人对中国失去信心时，我打心底难过。我要留在中国，只因为那句"风雨无阻，永远同行"。如果有机会，我希望能再次见到习近平主席，告诉他经历了这次疫情，我对中国更爱了。

最后，你们不用担心我，我这边一切都好，我们都很健康，生活上的东西也都可以买到。听完这些话，我相信你们能够理解我的选择。其实我觉得就像当初的"非典"，虽然我们都不希望因为疫情待在家，但也不一定是件坏事。我们可以在家工作，可以看书，陪孩子的时间更多了。我相信保持乐观心态，一切困难都会被战胜。

爸爸、妈妈多保重，祝你们平安、健康。

爱你们的女儿：布什拉

2020年2月18日

作者简介

马龙，阿富汗人，2016年毕业于喀布尔大学孔子学院汉语专业。毕业后留校任教，担任行政、教学、翻译、组织文化活动工作，同时还参与了《习近平谈治国理政》一书波斯语版本的翻译工作，并为中国驻阿富汗大使馆担任过翻译。2018年9月考入北京语言大学攻读汉语国际教育专业硕士研究生。

抗疫心声

疫情中，某些媒体抓住一切机会攻击中国，请不要听不靠谱的媒体言论。

我与中国在一起
[阿富汗] 马龙

我们所有人都对中国人民表示支持,在这里大家都是一家人,我们每天都可以感受到家一样的温暖。

亲爱的爸爸妈妈:

你们好!

我在中国的首都,在美丽的北京语言大学生活、学习,一切都很好。只是遗憾的是,今年冬天,因为突然出现的新型冠状病毒,伟大的中国遇到了很大的困难。因为这个病毒,本来热闹的、温暖的、美好的春节变得很冷清。在今年的除夕,街道空旷,每家商店都关着门,没有烟花和爆竹的声音。大家都戴着口罩,我们也就看不到中国朋友的微笑和美丽的容颜。我知道你们很担心我,担心我到底安不安全,我会不会被感染,有没有人保护我,我吃得好不好。我想说,亲爱的爸爸妈妈,请放心，我很安全，中国政府把我们照顾得非常好，老师们像对待他们自己的孩子一样照顾我们、关心我们。我现在平安健康，到目前为止我的朋友、同学没有一人在此次疫情中被感染，学校里的食堂为我们提供了清真饭菜，学校里的超市每天正常营业，日常生活必需品都可以买到，我的生活可以得到很好的保障。

爸爸妈妈，请放心，首先这段时间以来疫情越来越向好的方向发展，我住的城市甚至湖北省的很多城市，最近新增病例数一直在下降，有不少城市新增病例数为零，也有很多城市只有很少的新增病例。

为了避免外来的感染，全中国高校已明确推迟开学。学校对我们进行了很好的防护管理，只要学生自己重视防护、积极配合，我们基本上接触不到传染源。我们宿舍很安全，学校安排每天为我们的住所消毒杀菌，免费给我们发放口罩，学校里的超市提供了消毒液和洗手液，保障了我们所有的防护需求。

亲爱的妈妈，请不要担心，照顾好自己，我们学校为我们留学生开设24小时的咨询服务热线，我们万一遇到了什么困难，可以第一时间通过电话或微信联系我们的老师。根据中国政府的有关规定，无论受感染者来自哪个国家，都将得到平等治疗，所有人都可以使用相同的医疗必需品。中国政府在这方面非常负责任的。所以，我们在中国是非常安全的。

亲爱的爸爸，中国已经有成千上万的医生奔赴一线治疗受感染的人。我敢肯定，随着中国在治疗措施上不断取得进展，中国将很快战胜这个病毒。我相信，整个社会很快就会恢复正常，中国政府有能力解决好这个问题。

中部战区总医院又一批治愈患者康复出院，主治医生为老人献上鲜花

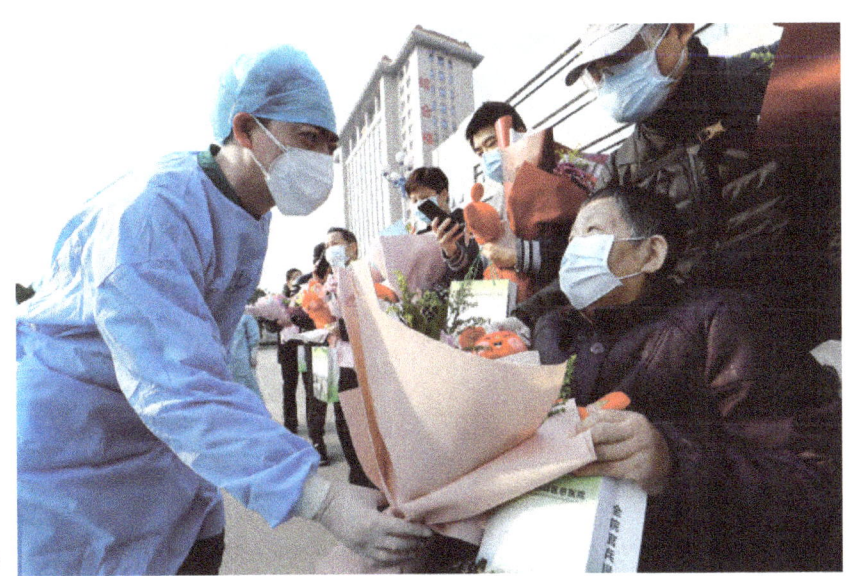

亲人们，请放心，我的学业不会受影响，学校非常关心我们的学业，在学校推迟开学期间，我们和老师每天进行线上课程学习和交流。我现在在写毕业论文，过几个月后我将毕业。虽然我每天不能和导师见面，但导师在关心我的健康状况的同时，也通过互联网、微信指导我撰写、修改论文。他希望我按时毕业，并早日为自己的祖国做出贡献。因此，请你们放心，这个疫情对我的学业不会有太大的影响。

我和一些在武汉的阿富汗朋友也常有联系，他们身体健康，学校要求他们不要随便聚会，不要离开学校，做好防护，对

导师通过互联网指导我撰写、修改论文

他们进行了非常合理的防护管理，如果他们遇到任何问题，我相信中国政府会像对待中国人民一样好好地照顾他们，并对他们所遇到的问题负责任。他们能保障生活需求，没有任何问题。学校里的超市正常营业，老师们与他们保持联系，甚至有的学校告诉学生，如果确有必要的话，学校的老师们会把饭送到他们的宿舍里，也请他们保持平常心，不要担心。到目前为止，所有的阿富汗学生都没有发生任何特别的问题。疫情期间，某些媒体抓住一切机会攻击中国，也因为一些抹黑性的报道，在家里的你们更加担心在华留学的孩子们。亲人们，你们不必担心，在这里，中国政府会通过大学的管理老师们、阿富汗驻华大使馆与所有的阿富汗学生进行联系，确保我们的健康安全。

中国政府确实限制了一些城市的交通，封闭了一些城市，形势看起来有些严峻，但此刻我的心和所有中国人在一起。中国政府反复与使馆和官方机构取得联系，表示不管是华人还是非华人，万一被感染了，中国政府会平等对待每一位患者，大家会受到一样的治疗，请不要听不靠谱的媒体言论，也不用担心我的安全。

在北京，除了阿富汗学生外，还有来自巴基斯坦、伊朗、泰国、越南、马来西亚、印度尼西亚、俄罗斯、美国等国的许多留学生。除疫情暴发前就决定回国度寒假的留学生外，只有少数学生是自愿离开中国的。不管是留下的还是回家的，每个人的口号都是："中国加油！武汉加油！中国，我们爱你！中国，我们相信你！武汉，你一定会战胜疫情！"我们所有人都对中国人民表示支持，在这里大家都是一家人，我们每天都可以感受到家一样的温暖。中国已经成了我的第二个家，我与中国在一起，支持中国，为中国加油，疫情很快就会过去的。

寒冷的冬天很快会结束，充满生机的美丽春天即将到来，白天将照亮黑夜，太阳将升起，中国也很快会恢复正常，我们很快可以看到中国朋友的微笑和欢呼。请你们放心，我的第二故乡会照顾好我。

马龙

2020年2月22日

作者简介

张子涵，意大利人，清华大学研究生。2016年以来在中国当研究员，目前在北京与中国人一起抗疫。希望欧洲国家多向中国学习，一起尽快打败疫情。

抗疫心声

希望我能向你们表达清楚成为中国抗击疫情一分子的感受，这种感受是看到无数人共同努力取得胜利后而带来的兴奋感、自豪感与力量感。

成为中国抗击疫情一分子

［意大利］张子涵

"一粒米也可以使天平倾斜,一个人可能就是胜负的关键。"中国和中国人民向来都是团结一致、无私奉献和充满希望的。正是这种力量使他们无惧艰险、百折不挠!

我亲爱的家人们:

你们好!我知道,此刻从中国告诉给你们的消息会令你们十分担心,但对身处中国的我们来说,事实上,我们正在经历着一次重大的历史性事件、一场重大的战役。面对这场突如其来的危机,中国人民团结一致。因为中国知道,世界各国人们正在凝视着他,等待着他的进一步行动。

你们无法想象在过去的几天里,我收到了海量信息,大家都在问我:中国的情况怎么样?这个病毒是什么?中国在如何应对?甚至还有一些很久都没联系的朋友也冒出来了。

许多人都被中国政府为阻击此次疫情而快速建立起两座

湖北武汉火神山医院施工现场

新医院而震惊。没错！中国可以做到这一点，而且远远不止这些。建立专门的医院尤为重要。我听说，在意大利，有一名感染了该病毒的人在医院病亡了，却是由于其他原因。在中国很安全。你们无法想象中国政府到目前为止已经采取了多少措施来抑制病毒的扩散，是如何尽全力让人们恢复正常生活的。

每天早上我一觉醒来就上百度，通过大数据查看当日疫情情况。统计页面按省份提供了最新数据，显示当日新增病例、治愈病例和死亡病例。发布的数据有时振奋人心，有时不容乐观，但在过去的几周里，情况正在逐渐好转。接着，我又上微信，进入社区微信群，查看一些人分享的最新消息，转发一些好玩的视频供大家娱乐。这很有必要!

由于中国政府强烈要求不能举办任何集聚性活动,原先我每周一次的小测验和每月一次的读书活动现在改为在微信上进行,我们互发消息进行问答互动或讨论章节内容。这样也别有一番风味。

学校也有一系列抗击疫情的措施。那就是,在中国,所有的大学和中小学都改为线上授课。你能想象得出吗?这是一次伟大的变革。我敢肯定,这将推动在线教育大变革而被载入史册。最近几天我一直在学习各种应用软件,调试麦克风、摄像头和网络。我完全感受到了同学们和教授们的热情,下周我们

来自美国的苏贝妮(左二)和苏杰夫(左一)夫妇助力社区防疫

将开始线上学习!

但是生活还是有些变化的。我们大部分的时间都需要待在家里。所有小区、公司和学校都要严格遵守这一禁令，禁止外来者入内。大多数商店和超市也关门了，还在营业的商店和超市也会在入口处进行体温监测。整个城市内还设有多处检查点，以确保疑似病例不能接触其他人。我们每个人的行踪轨迹都被一个应用程序记录着。比如说，我坐公交车，如果发现公交车上有任何人被确诊了，我会立即收到通知。

尽管现在情势危急，但所有的这些举措让我感到很安全，我坚信一切都会好的。我们都在竭尽全力。你们还记得电影《花木兰》中的那句台词吗？"一粒米也可以使天平倾斜，一个人可能就是胜负的关键。"没有什么话能比这句话更能贴切地形容我们此时此刻的感受了。

这个病毒在中国最重要的节日——春节里暴发了。毫无疑问，这个春节将会很难忘。但从某种角度上来说，我们赋予了它新的意义。我们可能无法与家人、朋友或邻居相见，但我们以谨慎、谦卑的态度通过与疫情斗争来互相关怀。疫情的暴发使所有人感到震惊，但并没有吓退我们。你们完全不用担心！

中国和中国人民向来都是团结一致、无私奉献和充满希望的。正是这种力量使他们无惧艰险、百折不挠！

希望我能向你们表达清楚成为中国抗击疫情一分子的感受，这种感受是看到无数人共同努力取得胜利后而带来的兴奋感、自豪感与力量感。再等几个月，待到局势稳定后，我就能和你们在北京团聚了。

让我紧紧地拥抱你们。

张子涵

2020年2月25日于北京

第三章
疫见真情

他们是普通的留学生,他们是心系中国的学者,他们更是抗疫中的洋志愿者"洋雷锋",他们在第二故乡的抗疫战场上留下了一个个温暖感人的战"疫"故事。

作者简介

菜东翰，来自贝宁共和国，本科毕业于南昌大学医学院临床医学专业，后考入江苏大学读研究生，现在在江苏大学附属医院学习骨科手术。作为医生，其座右铭是"做病人需要做的事情"。

抗疫心声

2020年1月29日，看到很多医生加入抗击疫情一线，我也向进贤县人民医院提交了请战书，我要和我的江西同事一起参加一线抗疫。

我的抗疫请战书

［贝宁］莱东翰

> 我郑重向医院提出请求，申请加入抗击新型冠状病毒肺炎的应急队伍，学习白求恩精神，志愿坚守在抗击病毒的第一线，为赢得抗击病毒战斗的胜利，保卫中国人民群众生命健康安全，贡献自己的一份力量！

大家好，我是来自非洲贝宁共和国的留学生莱东翰。今年春节，我和家人商量不回非洲，准备又留在江西过年。但让我没想到的是，这个春节国家遭遇了新冠肺炎疫情。1月29日，看到很多医生加入抗击疫情一线，我也提交了请战书，我要和我的江西同事一起抗击疫情。

说起来，我和江西特别有缘。我的本科就读于南昌大学医学院临床系，毕业后，我考入了江苏大学读研究生。2019年1月，我被分到江西省南昌市进贤县人民医院骨科进行为期三个月的见习，这三个月让我一辈子都难以忘记。

在见习期间，医院带教老师手把手地教我病历书写规范、查房规范流程、手术规范操作等，让我学到了很多。不仅如此，副院长周国进、科室主任钟声涛，还有我的其他同事，都对我非常照顾，给予了我亲人般的关心。2019年的春节，周院长还邀请我去他家里过年，在他家我学习包饺子，我们一起围坐桌前吃年夜饭、看春晚，虽然在异国他乡，却有一种在家一样的感觉。

三个月的见习结束后，我离开了进贤回到江苏继续读研究生。今年1月份，一放寒假，我就从江苏"溜"回进贤，我真的太想念这里了，想这里的同事，还有我的带教老师胡滨，还有周院长。我想继续留在中国过一个年，像去年那样，可以和我的同事们一起包饺子，一起看春晚。

然而没想到的是，今年1月份起，中国很多地方出现了新型冠状病毒感染的肺炎患者，进贤也出现了。在我的科室，我看到我的老师和同事们第一时间纷纷请战到抗击肺炎疫情的一线工作，我深受感动和震撼。所以我也自愿请战到疫情防控一线，我觉得我也可以做点力所能及的事情，他们加入，我也要加入。

在抗疫请战书上，我特意用中英文双语写道："作为一名骨科的医学研究生，我深知自己所肩负的责任，因此我郑重向医院提出请求，申请加入医院组织的春节期间抗击新型冠状病毒肺炎的应急队伍，学习白求恩精神，同时志愿坚守在抗击病毒的第一线，为赢得抗击病毒战斗的胜利，保卫中国人民群众生命健康安全，贡献自己的一份力量！"

很快，我的申请获得批准，就这样，我留在进贤县人民医院，正式成为抗击疫情的一名战士了。我每天8点钟上班，中午、晚上都是在办公室吃医院食堂的盒饭，一直到晚上7点才下班。我要做的事情就是，认真对发热门诊病人进行筛查，对疑似新冠肺炎的患者进行隔离和登记，对发热患者及时协调救治。

江西省进贤县人民医院抗疫誓师大会

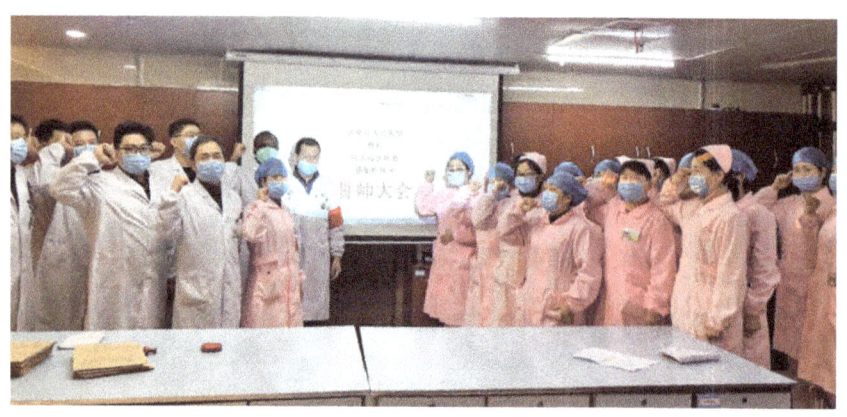

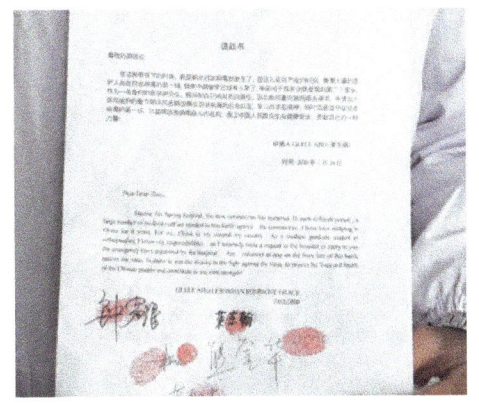

莱东翰的抗疫请战书

说实话,在申请报名的时候,我没想过抗疫前线医生劳累的程度。这段时间里,我每天一进医院,就要穿防护服,一连工作十几个小时,除了吃饭,中间不可以上厕所、喝水、吃任何东西,等到晚上下班的时候,衣服全被汗水湿透了。不过看到发热门诊从开始的一天几百人次就诊到现在的四五十人次就诊,我很欣慰,因为发热病人数量开始下降。

这次抗击疫情,让我看到很多感人的事迹。中国人民在中国共产党的正确领导下,全国人民同心协力,众志成城,共渡难关,最终会取得这场没有硝烟的战争胜利。看到疫情期间一个个舍生忘死的医护人员,我感受到了中国人民的团结和凝聚

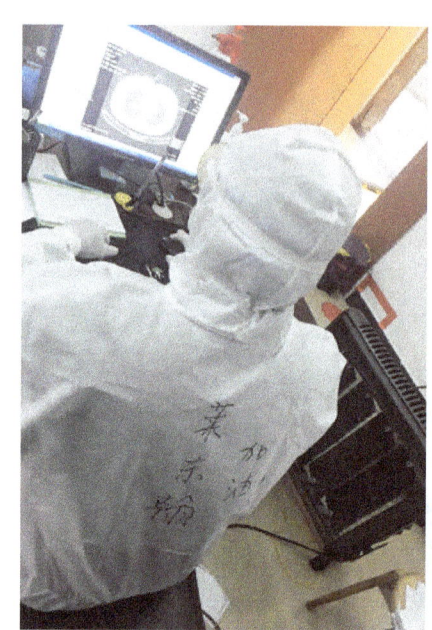
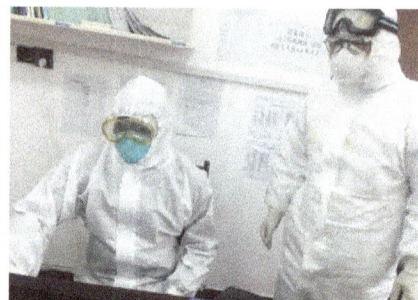

莱东翰成为进贤县人民医院的一位抗疫战士

力。我的择业想法有了改变，我会在博士毕业后，留在中国科研和工作，为中国人民卫生健康服务，做一名现代的白求恩医师。我相信我的家人也会同意我这个想法。

　　细算一下，我来中国已经有8年了，中国就是我的第二个家乡。今年的春节，虽没能和去年春节一样，但在抗击疫情的时间里，我把这些年在中国学习到的医学知识，发挥在救治病人的一线，这不正是我学医学的意义和价值所在吗？我相信，等疫情一结束，我又可以和我的同事们一起去玩，中国有太多太美的地方了。加油，武汉！加油，中国！

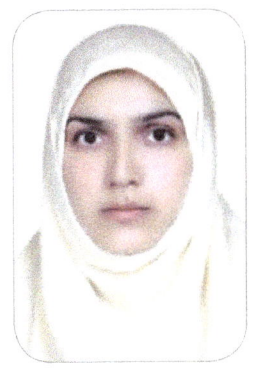

作者简介

白玫，伊朗人，北京语言大学汉语国际教育专业博士生。2019年1月获得首都"最美家庭"荣誉称号。2014年12月获得平安友谊奖。2014年9月获得孔子学院奖学金。2012学年度获北京市外国留学生奖学金。翻译作品有《郑和下西洋》《追风少年》。疫情期间坚守在北京，并组织在京的伊朗家庭录制视频声援中国。

抗疫心声

作为在北京生活了多年的外国家庭，我们与中国人一起，经历并见证着中国人民和政府在这次抗击新冠病毒疫情中作出的巨大努力，体会到了他们的坚强决心。

病毒不能隔离爱

［伊朗］白玫

　　为了战胜疫情，要全球团结一心，共同行动，不分国籍、种族，一起抗击疫情，这个冬天将会十分温暖。

　　故事从2020年1月24日开始。那天，我听到敲门的声音，开门后，我看到了住我家楼下的阿姨，她上周说要请我们一家除夕到她家去吃饺子。她戴着口罩，对我说没有办法请我们去她家吃饺子了，但她做了一些菜，请我儿子穆森去拿一下。她说政府已经采取了甲类传染病的预防、控制措施，提醒我们今年春节好好待在家里，不能聚集。那一刻，我感到很沮丧，因为我知道除夕的团圆饭对中国人来说有多重要，但今年的"年味"却被这场可怕的疫情冲没了，没有了聚会、聚餐，无法走亲访友，热闹统统被病毒驱散了。静悄悄的春节，一家人静静地待在家里，响应政府的号召。"全中国人都在家过春节，隔离病毒，但不隔离爱"，我很佩服他们，虽然在一起过春节很重要，但为了家人、朋友以及全国、全世界的安全和健康，他们都耐心地待在家里，我很佩服他们的配合，这是他们热爱国家的表现。

那晚我看新闻的时候，不知不觉泪流满面。面对疫情，成千上万的医疗、警务、铁路等岗位上的工作人员同气连枝、心手同向，义无反顾坚守岗位，奋战在人员流动密集的抗疫一线，他们是最美逆行者。爱和希望比病毒"蔓延"得更快，我看到他们与家人告别的画面，他们与妻子、与父母、与孩子告别，甚至有的母亲跟几个月大的孩子告别，奔赴抗疫的前线。我感动的同时也为他们感到骄傲，是他们在为我们的平安幸福保驾护航，在这个特殊的战场，他们是英雄，我们都真诚地感谢他们。网上有这样几张让我感动至极的图片，一张是医护人员躺在医院的地板上休息，有的医护人员由于长时间戴口罩，脸上被勒出很多血印；还有一张照片，记录的是女性医护集体理发的场面，她们是一群伟大又勇敢的人。

这几天在微信朋友圈里经常会看到一位名叫钟南山的院士的新闻。今年他已经84岁了，别看他年纪大，他的精力比

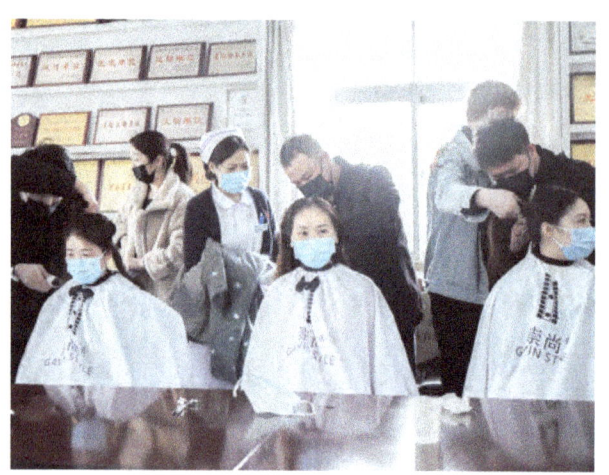

医护人员驰援武汉前集体理发

年轻人还要足。他告诉所有人千万不要去武汉，而自己却为了救治患者第一时间前往武汉抗疫前线，我从新闻里看到他红红的眼眶里泛着泪花的画面，他的眼睛里充满着对国家和人民深沉的大爱。他建议大家为了自己和其他人的安全，尽量不要出门，他说10~14天是一个很好的隔离观察期，病毒潜伏期就过去了，发病的话进行及时治疗，没发病的话也就大概率没问题了，并预测不会因为春运返程而出现大规模传染。中国人很尊敬他，并听从他的提醒，取消了预订的聚会、聚餐，所有的庙会庆祝活动也取消了。

虽然武汉隔离后新型冠状病毒疫情依然发展得很迅猛，甚至波及其他城市，全国的确诊病例数量越来越多，但中国人并没放弃。

在坏消息每天都在传来的同时，1月28日，伊朗红新月会向中国捐赠100万个口罩的信息让我感到非常开心，伊朗驻华大使馆称：对中国政府和人民抗击疫情的坚定决心和意志深感敬佩，伊朗相信中国一定能战胜疫情，将与中国并肩作战。

这段时间，我一直在想：我能为中国做些什么？虽然我只是个普通人，但我能祈祷，愿上帝保佑中国，我还能通过微信给中国的朋友们送去温暖。

当中国外长王毅同伊朗外长扎里夫通电话，赞赏扎里夫是全球第一个就疫情防控工作公开声援中国的外长，体现了伊朗与中国的深厚友谊时，当伊朗外交部发言人赞赏中国政府在应对疫情中体现的大国担当，希望中国政府和人民在高效的管理和坚持不懈的努力下早日战胜疫情，并用中文喊出"武汉加油！中国加油！"时，我也决定要以自己的方式为中国加油！

我找到一位合伙人，一起组织在中国生活的伊朗家庭的孩子们录制加油视频，给武汉加油，给中国打气，共同祝福中国人民早日战胜疫情。首先从我家的两个孩子开始，然后请其他伊朗朋友帮忙提供视频。朋友们都很配合，我们还将合伙人剪辑好的视频发送到朋友圈。这场暖心行动在伊朗家庭中持续传递，很多中国朋友在我的朋友圈留言："我的眼眶一热，忘了

伊朗捐赠物资运抵北京

伊朗萌娃声援中国

想说的话，只能说真的太感动了！""特别让我感动的是，您让自己的孩子们从小认识中国、了解中国、关心中国，和中国人民一道，热爱中国、热爱武汉。"……有的朋友还专门给我打电话感谢我。这条视频虽然很短，但视频里的孩子们眼中流露出的感情，充满了对中国的热爱和祝福，后来伊朗驻华大使馆把这个视频转发到了他们的微博里，中国驻伊朗大使馆的大使常华先生也转发了这条微博，称赞和感谢伊朗人民和小朋友们，就这样这条视频很快被千千万万的中国人所关注。

我们通过视频把自己的一颗心送给了中国人民，支持中国，支持武汉，因为我们爱中国，爱中国人。爱是桥梁，我们把中国朋友当作自己的兄弟姐妹，我们是一家人。中伊两国有着2000多年的友谊，疫情动摇不了两国人民深厚的友谊根基。

2月初，前往伊朗航班即将停飞，很多朋友劝我回伊朗去，但我舍不得离开中国，我心里想的是，在困难的时候，我和我的家人也要与中国在一起，所以我决定留在中国。

我还看到一些散布谣言的新闻，这让我很生气，特别是我家还是被北京市妇联评为"首都最美家庭"的国际家庭。人民网和中国网都非常关注我们的工作生活情况，在采访我的时候特意让我向伊朗的家人、朋友们报个平安，并请我讲述了我们在北京的战"疫"经历。在他们的采访中我就明确表示，我们一家在北京的生活非常安全，吃饭没有问题，超市货品充足，我们大约一周去超市采购一次。这段时间能让我静下心来写博士论文，对我来说是个难得的机会。这段时间，我的两个孩子天天在家里打鼓、弹钢琴、画画、跳舞，甚至在室内打乒乓球和羽毛球。我们的父母在伊朗，他们很担心我们的处境，我们每天都会向他们报平安，他们也在为中国人民以及在中国的伊朗同胞祈祷，希望疫情快过去。

我也希望不在中国的朋友们能了解我们真实的生活状况。我要告诉那些在远方看着中国的朋友，在严峻的疫情面前，我们看到的是中国政府对疫情的高度重视，迅速采取全面、严格、彻底的防控举措，举全国之力，团结一心抗击疫情。中国人民也全力配合，比如中国人民在十天时间内就建成了火神山医院。为了控制疫情扩散，很多省市全面暂停进出的省际客运、省际旅游包车等，在火车站对旅客实行全面体温监测、筛查；学校延期开学，但为了不耽误学生的学习，实行网络教学的方式，老师们每天还会给我们发送疫情防控常识，让我们掌握防疫知识；所有小区、学校、超市进行体温监测并控制人员流动；对所有公共场合进行定期消毒，为电梯配备纸巾或消毒液，如果电梯已经有人，那其他人就可能会选择等待；所有人出门时都戴着口罩；等等。这些措施取得积极的效果。我们亲眼看到，一批批的守护者默默无闻地坚守在自己的岗位上，在中国，这就叫"众志成城"，我们也会遵守中国政府"不出门，就是为抗疫做贡献"的号召，在这关键时期，待在家里做该做的事情。

孩子们唱歌为中国鼓劲

伊朗有句古话是这么说的:"阿丹子孙皆兄弟,兄弟犹如手足亲。造物之初本一体,一肢罹病染全身。"中国的古语也说:"岂曰无衣,与子同袍。"2月13日,伊朗向中国捐赠的第二批口罩等医疗物资运抵北京,表明了对疫情的抗击是中国和伊朗政府的共同战役,中国克服难以想象的困难抗击疫情,是对国际社会的巨大贡献。14亿中国同胞的努力,让我们这些外国人深受感动。

"武汉胜则湖北胜,湖北胜则中国胜,中国胜则世界胜!"我觉得这句话很有道理。为了战胜疫情,要全球团结一心,共同行动,不分国籍、种族,一起抗击疫情,这个冬天将会十分温暖。

2月18日晚，伊朗首都德黑兰的自由塔为中国亮起，而我也一直在想，我还能做什么。我虽然不能像哈密（浙江义乌人称赞的"中国女婿"，伊朗人）一样，主动申请加入社区志愿者行列，忙碌在疫情防控一线，也不能像希纳那样给武汉的医护者送咖啡，但我能与中国的朋友联系，为他们提供急需的口罩，能录制视频，告诉世界我们感谢中国，能让孩子们为了鼓励中国唱歌。

伊朗首都德黑兰的自由塔为中国亮起：武汉加油！中国加油！

作者简介

王笑，埃及留学生，北京语言大学在读博士。旅行爱好者。在中国生活了八年，并找到了归属感，见证了中国这些年来迅速发展的一点一滴，体会到了中国政府对中国老百姓的责任以及复兴与发展中华民族的使命。

抗疫心声

疫情发生后，我选择留下来为中国加油，因为相信中国政府会尽他们所能保护这片土地上的每一个人。

用我们的声音告诉世界

[埃及] 王笑

> 我们每个人的声音很小很小,但很重要,所以我们应该继续发声,告诉全世界的朋友们,中国为了抗击疫情到底做了些什么,不给假新闻制造者任何机会,用我们的声音说真话,以我们自己在中国的亲身经历讲中国的故事。

因为学业比较紧张,放寒假之前,我决定不回埃及了。2018年8月我给了老爸一个承诺,说下一次我会拿着博士毕业证书回埃及看他,一年半没回去了,真的很想念他。为了赶上夏季的毕业典礼,必须得在寒假完成论文,所以决定哪都不去了,就好好完成论文。

但随着春节的临近,我越来越觉得孤寂与冷落。还好我有个很好的中国朋友,家是河北的,她和她的家人都很热情,邀请我去她家做客。

然而,就在春节来临之际,可怕的疫情突然来袭!没想到它会发展得这么快,快到人们来不及初尝节日的欢愉。路上的行人与日俱减，人人都开始戴口罩，脚步也越来越快。我没法看到他们脸上的表情，因为都被口罩覆盖着，但是我想他们应该跟我一样紧张不安吧！

这不是我第一次在中国过春节，也不是第一次到朋友家过春节，但这个春节不同寻常，失去了它原本的滋味儿，那是一种沉寂的团圆，没有了过年的气氛。除了传统的年夜饭和春晚，其他都没有了，传统的春节庙会和公共活动都取消了，不拜年，不串门，不走亲戚，更不闹元宵，大家就这么小心翼翼地过了一个春节！

初一听说以后出行会受限，我决定提前回北京。回北京后的一周，是疫情在全国扩散最严重的一周，中国政府的相关部门都取消了春节的法定假期。各部门都在集中力量为了人民的健康、安全而奋战着；为战胜病毒，取得疫情的全面胜利积极地工作着。在新闻上看到习近平主席和中央政府工作人员召开了关于应对疫情工作的会议，那一刻我热泪盈眶，是的，这个场面感动了我，此时我听到了发自内心的声音，它铿锵有力地告诉我说，有这样的领导人，有这样的国家，有这样的民族，你有什么可怕的，不要害怕，你要做的就是配合和服从管理，一切都会好起来的。

为了阻止疫情的进一步扩散，1月23日疫情聚集地——武汉开始封城。之后的日子全国各地抗击疫情的相关措施迅速得以实施，湖北武汉以外的其他城市也积极采取措施，阻止疫情扩散，减少病毒传播。学校的规定就更严格一些，校园关门不让外面的人进来，也不让在学校的学生出去。每个小区都加强进出管理，要求每个人都办理出入证，从外地回来的都必须在家隔离14天，每次进出都得测体温。

山东台儿庄130吨医疗和生活物资驰援武汉

中国政府通过国内媒体以及其他渠道迅速提升公民对疫情的防护意识，无论是电视、广播还是微博、微信的官方公众号等都在积极地进行宣传。到处都挂着积极抗击疫情的标语，我真不知道这么多工作是怎么在转眼间迅速完成的。抗击疫情的安全措施不仅仅体现在学校和小区，更体现在公共场所。公共场所的门口都有人戴着口罩和手套，拿着体温计给进出的人员测体温，无论是地铁站还是机场、火车站等都有更严格的防控措施。这么多的工作人员都投身于抗击疫情的第一线，为我们的安全和健康付出极大的努力。

回北京后，我基本上不出门，自觉隔离一周。那一周是我最崩溃的日子，脑子里翻来覆去想的都是这个危机，甚至做梦也离不开这非常时期的场景，好几次都梦见自己在买口罩和消毒液。我承认开始的一周各地传来的疫情消息击溃了我，我的心越来越恐慌，一会儿担忧一会儿恐惧。每天早上睁开眼睛做的第一件事就是看确诊病例的数据，在这个特殊时期它成为我和身边的朋友们的日常习惯之一。

就在那段日子里我了解了钟南山院士。2003年"非典"暴发时，以他为代表的医护工作者经过长期不懈的努力战胜了"非典"；新型冠状病毒暴发后，他同样立刻奔赴一线。一位可敬的84岁的老人，这么勇敢地带领医护工作者和人民抗击可怕的病毒，他的行为感动了我。就在我们都想方设法远离病毒、远离疫区时，他们这些逆行者，却义无反顾、迎难而上，冒着生命危险在一线冲锋陷阵，只为了他们身后的国家和民族。

几乎每个岗位都有很多默默无闻的英雄在以不同的方式努力地为战胜这次疫情战斗着，奉献着。看到那么多人不惜一切努力，在为国家和人类付出着，我感到很内疚，也真正意识到，我们的敌人不仅仅是病毒，还有恐慌。从那个时候起，我就想除了做好自身防护，不让自己成为这个国家更大的负担以外，身在中国的我，在中国面临着这么大的困难的时刻，应该贡献自己的一份力量。

自从来到中国以后，我跟老爸之间就有一项一成不变的约定——每周五必须通话。我在中国七八年了，很多方面都发生了不同程度的变化，但每周五爸爸的来电从来不曾变过。爸爸很爱看新闻，尤其是关于中国的新闻，因为他的女儿在中国，他离中国的距离很远又很近！爸爸通过新闻了解到疫情的发生，十分担忧和牵挂，每周五的电话变成了一两天一个电话，

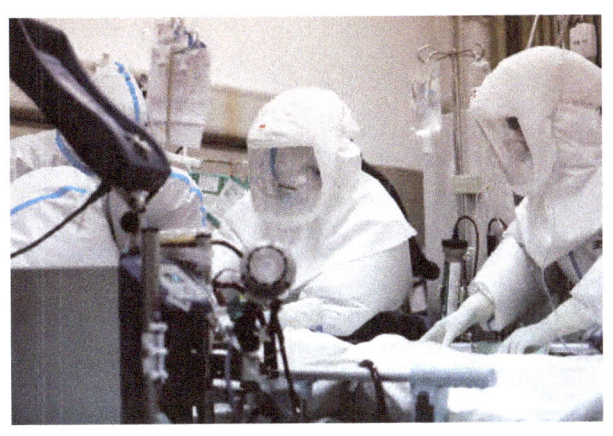

中部战区总医院感染科病房内,医护人员正在抢救危重病人

一天一个电话,一天几个电话。之后他所看到的新闻报道越来越让他担心,有一次他给我打电话说:"我怎么救你?"我本人就在疫情所在的国度里,也没像他这么恐慌。其实那时候更让我恐慌的是听爸爸说的"有人在马路上倒下来""超市的物资不够""人的最基本的日常需求都没有保障"等等这些没有根据的消息。我渐渐意识到了,他所看到的新闻让他们很担心我的安全。虽然我也很担心自己,但无论在北京还是在其他地方,即使是在武汉,情况远没有像某些国外媒体报道的和新媒体的负能量网红所说的那样。所以我想我人在中国,而且正在经历着这个疫情,我是了解情况的,更重要的是我看到全中国人民都付出一切努力参与抗击这个疫情,我该出面说话,该说实话,告诉大家真相!那天我花了一个多小时把我所想说的话都写了出来,并发布在脸书上,提醒爸爸以及兄弟姐妹看,因

为我首先是给他们写的，让他们安心，其次是给其他人看一个身在抗击疫情的中国的埃及学生的经历。

帖子的内容如下：

我父亲、家人和亲朋好友对我十分地担心，不断地打电话说服我离开这里，尤其是当他们听说埃及航空公司从2月4号要暂停往返中国的航班，再加上他们每天所看的新闻，他们开始恐慌，每天打无数次的电话。我心里也害怕，怕未知的明天会发生什么，尤其是我看到身边的外国人纷纷回国。但我还是决定不回去，原因如下：

我家人都担心我的安全，他们认为对我最大的负责是应该让我回到他们身边。但是同时我对他们也有责任，我对他们的责任是我要好好地保护自己，健康地回家！怎样才能健康地回家？现在是非常时期，从我这里到埃及的旅程中，我都不知道要遇见谁。我得坐车去机场，还得坐11个小时的飞机，这个旅程中很难保证不被感染。虽然检查严格，但是这个病毒的潜伏期有14天，发热也不是唯一的症状，人和人之间也有可能通过结膜传染，飞机也是一个封闭的空间，再说我也不能11个小时都戴着口罩。当然旅程也有可能是安全的，但是在这种情况下我们不能只侥幸地考虑好的结果，被感染其实也有可能会发生的！所以爸爸就像您担心我一样，其实我也很担心您和家人以及任何有可能因为我而感染的人！而现在大家都在隔离当中，现在待在这里对我来说是最安全的。

中国政府和人民现在正在举全国之力、不惜一切代价抗击新型冠状病毒。中国对疫情聚集地武汉封城，在10天内修建了医院；在全国发出一级响应，还在人流量大的大城市，例如北京、上海和广州等地特别加强安全措施；呼吁我们待在家里，减少外出；通过各种渠道加强公民的防护意识，政

卡塔尔半岛电视台报道王笑客观介绍中国疫情的热帖

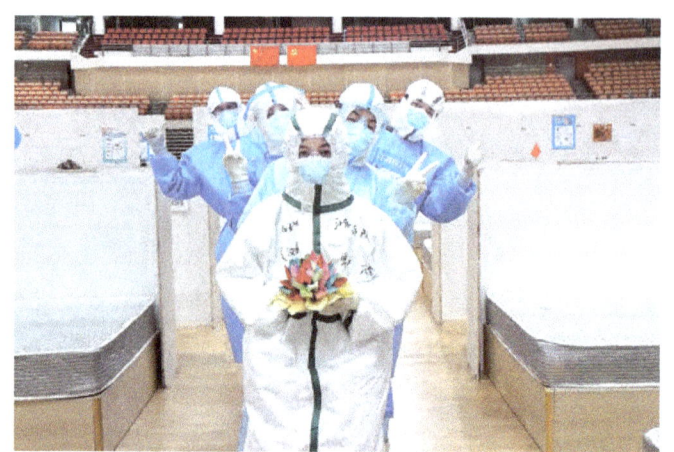

2020年3月8日,武汉开发区体育中心方舱医院正式休舱,来自江苏援鄂医疗队的医护人员拍照留念

府还尽可能地保障公民的日常生活所需。虽然这次疫情比较严重,但是现在待在我所在的地方对我来说是最安全的。对!现在无论是学校还是小区,为了防控病毒的传播,都大门紧闭,必须有出入证,不允许外人进去。其实中国政府为了确保我们的健康和安全,还做了更多的安全和保护措施。

中国国内局势很严重吗?其实确诊和疑似病例都不少,但同时治愈人数也在与日俱增,死亡人数呈直线下降。此刻不能说疫情不严重,因为目前是病毒的暴发期,恰逢中国的新年,一个人流量最大的时期,这给病毒的传播提供了便利。所以这个时间决定回去,恐怕不是好的选择。被传染的以及死亡的病例90%都是在湖北省,尤其是武汉市,但我在北京,北京的情况完全不一样,距离病毒聚集地很远,人们的防护意识、防护措施都很到位，所以北京比较安全。

中国有抗击病毒历史经验，2003年的"非典"疫情就是最好的见证。针对新型冠状病毒，到目前为止，虽然还没有发明特效药物来治愈新冠肺炎，在一定程度上还依靠病人自身的免疫力，但是治愈率越来越高，而且中国政府采取了一系列防范措施，控制病毒传播，减少新发病例。我完全相信中国会渡过这个难关，世界卫生组织主席也赞同中国抗击新型冠状病毒的做法。然而埃及就不一样了，埃及没有抗击病毒的经验，抗击病毒的措施也不会采取全国动员的方式。中国是大国都被病毒这么折腾，埃及就更不用说，不是我怀疑埃及的能力，这就是事实。抗击病毒不是一件简单的事儿，因此我不可能因为不负责任的决定而伤害自己，进而给我的家人、我的祖国带回病毒！一个有担当的人，当他做出重大决定时，不仅要考虑自己，更应该考虑他身后的家庭和民族。

最后一点我犹豫了很久，因为怕你们说我现在成为中国人了！但是我还是决定要写，因为这一点对我来说很重要。我在中国待了七八年的时间，自从来到中国到今天慢慢产生归属感，我在这里从来不觉得陌生，现在看到我的第二故乡面临这么大的困难，虽然我有回我的祖国的选择，但这里也是我的家，我在这里不仅学到了知识，提高了能力，同时也拥有了面对一切的勇气，我真的舍不得离开。我相信中国的医疗水平，万一发生什么意外，肯定会受到相应的、平等的治疗，这里政府所提供的公共服务不分民族、种族和国界，大家相当平等，其实他们对外国人还更好一点（这至少是我的体会）。所以要是我现在回去，我会很愧疚，大家在这里奋斗抗击病毒，我却逃回自己的国家，真的不想离开。

等这里情况好了，一切都平安之后，暑假的时候我会回埃及，到时候我就不会瞻前顾后了，我会自由自在地陪我的家人，见我的朋友们。

亲爱的家人们，请放心，我在这里很安全。请你们为我和我的中国同胞们祈祷，祈祷我们坚强地挺住，渡过这个难关。祝福我们平安吧！

我1月31日凌晨发布了这条帖子以后就睡觉了，那是一周以来睡得最安稳踏实的一觉。出乎意料的是，第二天这条帖子的点赞和分享率成为热帖，我还引起阿拉伯当地各大媒体的关注，成为焦点人物——一名埃及女学生在困难时期为什么决定不离开中国？到底为什么？我没想到我小小的举动，会带来这么大的影响力。从那个时候起，我就有更多的机会接触更多媒体，以我的经历给他们讲中国抗击疫情的实况。他们通过我和很多爱中国的朋友们写的帖子、拍的视频以及之后补充的信息，在一定程度上了解了目前中国疫情的情况。阿拉伯当地人给我留下了无数评论，支持我的决定和选择，说我是一个勇敢而富有责任心的人，他们还为我祈祷，其中很多人都是站在支持中国的立场上的，大部分人都很认可中国的能力，也相信中国一定能战胜疫情。我每次通过语音或视频接受采访，参与当地媒体对中国抗击疫情的报道都感到很开心，因为能为我的第二故乡代言。媒体的影响力是很大的，在我们这个时代，它在参与形成人对某一些事情的立场中，起着很重要的作用。当不同媒体报道的疫情数据以及新闻角度不同时，观众没法知道真实情况，所以由中国媒体报道的真实信息和中国友好人士的发声有助于让更多的人知道真相，了解实情。我们每个人的声音很小很小，但很重要，所以我们应该继续发声，告诉全世界的朋友们，中国为了抗击疫情到底做些什么，不给假新闻制造者任何机会，用我们的声音说真话，以我们自己在中国的亲身经历讲中国的故事。

有国家领导人、社会、学校、老师、同学、身边的中国朋友们以及留下来的外国朋友们的关爱，看着这个国家的每一个成员做的一点一滴的努力，展现出大国的奋斗精神——多亏了这一切，它刺激了我积极乐观的无畏精神，让我战胜了心里的恐慌，让我感到在这个社会里有很多人都在保护着我们，大家都在努力，是团结的。2月初外交部办公室给我来了个电话，问我有没有离开，还跟我说任何时候需要帮助请拨打他们的热线电话。学校除了采取各种防控措施以外，还很关心我们的心理状况，因为每个学生心理健康和自身防护一样重要。学院从2月初起不断给我们发老师们的寄语，鼓励和引导我们怎么面对和战胜这次疫情。

中国这个国家、这个民族经历过洪灾、经历过冰冻灾害、经历过大地震，还经历过"非典"疫情，一次又一次地向全世界证明了她是一个负责任的大国，也是一个极富凝聚力的强国。这次抗击新冠肺炎疫情也不例外，虽然这次经历对于中国而言又是一次巨大的考验。虽然中国的经济受到很大的影响，但是中国没有在意经济的短期损失，因为他们认为每个公民的生命财产是最宝贵的。而且中国是全世界第二大经济体，中国的经济是持久抗压的。中国政府不惜一切代价，举全国之力抗击疫情，同时还告诉世人，危机面前，中国人民会更加凝聚。我想自强不息、勤劳勇敢、团结向上的中国人民绝对不会被一次疫情打败。通过这次经历，我领略到这个世界需要的是英雄而不是弱者，需要人人勇于面对而不是躲避。社会的每个人，都应有相应的贡献，即使没能力站在前方一线。从来没有什么岁月静好，只是因为有人在替我们负重前行。而且在任何时候

空军第四次向武汉大规模空运医疗队队员和物资

都不能放弃，因为放弃等于失败，情况越严重我们越要坚持，哪怕只有小小的一线希望也要坚定地走下去。正如丘吉尔说过的一句话："不要浪费任何一场危机，天灾也好，人祸也罢，我们对不能改变的事情只能是抱着积极的心态去面对，看看从中可以学到什么。"

今年的春节并不热闹，我们还正经历着一次严峻的考验，恐怕我们都会记一辈子。未来的岁月相信我们会变得更坚强、更团结、更负责任、更知感恩。这个经历刻在心里，我相信几年之后回想今天经历的一切，我们应该会为我们的坚持和勇气感到骄傲。我们坚持了很久，让我们继续以团结的力量抗击病毒，以团结的意志取得抗击疫情的胜利，以团结的精神让其乐融融的生活最终回归常态。一起为中国加油，为武汉加油！中国，我爱你！

作者简介

穆罕默德·苏坦·伊尔沙德，目前在湖北大学材料科学与工程学院读博士。近年来，他一直在为促进巴基斯坦和中国友谊做一些工作。疫情发生后，他和他100多位巴基斯坦同胞一样，选择留在武汉这个疫情的最中心城市，并且担任志愿者。

抗疫心声

中国为我提供了最好的教育，像我的祖国一样给予我保护，确保我安全，给我带来了家的感觉。我要做一名抗疫志愿者，迫切地希望有一天能看见我的第二故乡变回她以前的样子。

做一名抗疫志愿者

[巴基斯坦] 穆罕默德·苏坦·伊尔沙德

> 作为巴基斯坦来华留学的一员,我对中国有着特殊的情感,我将坚定地支持中国,因为这是我成长经历的一部分。

2019年9月,我来到中国湖北大学成了一名留学生。春节就要到了,我一直都在计划着何时回家。但今年情况有些特殊,因为新型冠状病毒肺炎的暴发,我决定不回巴基斯坦了,而是留在中国做志愿者,尽我所能全力提供帮忙。对我来说,中国就是我的第二故乡。

有句名言说道:"事成都来居功,事败无人关怀。"我引用这句话是想说,没有什么是一成不变的,但是患难见真情。对我来说,中国为我提供了最好的教育,像我的祖国一样给予我保护,确保我安全。最重要的是,她给我带来了家的感觉。因此,我开始了我的志愿者工作,迫切地希望有一天能看见我的第二故乡变回她以前的样子。我给同学们分发口罩，保护他们不被病毒感染；我引导和鼓励了很多同学，帮助他们消除了这次疫情给他们带来的紧张、恐惧和焦虑。此外，我还让其他不会做饭的外国留学生来我家用餐。我的志愿者工作并未到此结束，我还将继续服务，直到中国恢复以前的样子。

我坚信，坚持不懈的努力是成功的关键。这个信念来源于我自身的经历。我毕业于巴基斯坦一个在材料科学领域非常知名的学院，是一名专业的研究人员。全球有许多学校愿意给予我博士学位，但我自豪地选择了武汉，原因有二：第一，我的导师王贤保教授是一个非常有灵感、受人尊敬而又理性的人。从研究者的角度来看，导师是唯一一个能在你的实验失败后第一时间鼓励你的人，我觉得自己无比幸运，能够有机会在导师细心、严谨、一丝不苟的指导下，尽自己最大的努力实现梦想。第二，武汉这座城市具有独特的魅力和悠久的历史。这儿的人们待人亲切，温暖如家人；这儿鸟语花香、气候宜人；这儿文化、自然资源让人赏心悦目，黄鹤楼彰显了武汉的坚强和勇气，东湖和樱花公园尽显武汉的自然风光之美。

我在实验室里做实验时，我们材料学院一位非常友善的老师向我介绍了新冠肺炎的情况,我惊讶于中国人民强烈的责任感能使他们在短时间内就万众一心。的确,这次疫情很不幸且令人不安,新冠肺炎的暴发给中国带来了很大的影响。有些患者失去了生命,卫生系统和教育系统都受到了影响。但是我想说,我相信每次危机与悲伤都伴随着两个考验:一是考验这个国家是否有强大的恢复力,能否坚强地反击;二是考验国民的耐心与勇气。中国已经证明了她的实力与毅力,所以我决定以乐观的心态留在武汉。作为巴基斯坦来华留学的一员,我对中国有着特殊的情感,我将坚定地支

持中国，因为这是我成长经历的一部分。我与中国同在。

我住在湖北大学的国际生宿舍里，这儿条件非常好，设备齐全。我无法用言语表达对中国政府和湖北大学的感谢之情。他们像关心自己的国民一样关心我们，为了我们的安全，学校工作人员24小时提供服务，为我们提供口罩、体温计、食品等医用物资和生活物资，并定期检查我们的健康状况，无微不至，让我们感觉如同在自己的家乡一样。

我听说在中国感染新型冠状病毒肺炎的巴基斯坦公民已被准许出院，这是向世界传递出的一个清晰的信号——相信中国政府。中国被称为是世界上最热心、最值得信赖的国家。在关键时刻，举国上下众志成城，万众一心。我们巴基斯坦人在考验面前绝不会丢下我们的朋友不管，我们珍惜长期以来建立的情同手足的中巴友谊。我们愿意为中国抗击疫情提供帮助。巴基斯坦政府已从全国各地公立医院调拨防疫物资（30万个口罩、800件防护服和6800副防护手套）运往中国。此次危机将进一步巩固我们之间的友谊，因为我相信我们的政府将全力以赴帮助中国渡过难关。中巴友谊万岁！

全世界见证了伟大的中华民族为创造新的历史做出的努

力，见证了其如何应对和控制疫情，见证了其面对这一艰巨挑战时所具有的前有未有的力量。无数坚不可摧的中国人在这场灾难中挺身而出，我们都该感恩他们的美德，尤其是感恩医护人员、工程师、军人和教育行业的工作者。我无法忘记两位真正的英雄，李文亮医生和吴亚玲护士，他们给我留下了深刻的印象。他们是奔赴前线的医生和护士。李文亮医生在这场战役中牺牲了自己宝贵的生命；吴亚玲护士在救治工作中接到了母亲去世的电话，她无法前去见母亲最后一面，只能朝着家的方向鞠了三次躬。我从心底向他们致敬，危难之际忠于职守，保卫自己的国家和人民。

中国在各个方面都一直让世界震惊，比如历史遗产、文化、价值观、经济增长以及人民的勇敢和对祖国的忠心。中国是当之无愧的世界大国，这不难从这次中国应对新冠疫情的措施中看出。病毒在短时间内就从一个城市传到另一个城市，对于其他任何一个国家来说，应对这样突如其来的冲击都是很困难的。我们看到了中国是如何在短时间内迅速地为病患建造医院，并采取一切可能的预防措施来控制疫情。因此，我们要向中国致敬，他们勇敢地面对了任何国家都难以应对的局面。

重庆梁平区第二批支援湖北医疗队出征

有一个创新举措是中国政府开设线上课程，以保证教育教学进度。中国政府正在采取一切措施来挽救局面，我们也应从自身做起。这段时间我们无法安排其他的外出活动，因此我们可以有效地利用这段时间，专注于相关的课题研究或者实现其他的目标。我们需要使自己充满正能量，以积极的态度去开发、提升自我。更重要的是，此次疫情给每个国家都上了一堂关于生命的教育课——永远不要被悲观的想法打败。凡事都有难易，所以无论遇到什么境况，我们都要有耐心，理性面对，拿出中国展现出的那种坚定的态度去解决问题。痛苦不是永久的，但我们的行为、道德、忠诚是永恒的。

最后，我要将这首深情的诗送给武汉以及所有的中国人。

加油，武汉

到了战胜新型冠状病毒的时刻了
所有的中华儿女面临着前所未有的挑战
加油，武汉

到了战胜新型冠状病毒的时刻了
有些医护人员甚至献出了自己宝贵的生命
加油，武汉

到了战胜新型冠状病毒的时刻了
工程师和工人们在数天内使雷神山医院拔地而起
加油，武汉

到了战胜新型冠状病毒的时刻了
中国政府为荣誉而战，为人民鞠躬尽瘁
加油，武汉

到了战胜新型冠状病毒的时刻了
中国的英雄们在悲伤中无所畏惧
加油，武汉
武汉，加油！

作者简介

卡米洛·雷斯特雷波,哥伦比亚人。平面设计师,拥有创意写作硕士学位,现在为南京大学的一名学习中文的留学生。

抗疫心声

战斗还没有结束,但是现在,我也要像中国人一样,有耐心、有纪律、坚强、积极主动和负责任。

我的战"疫"故事

[哥伦比亚] 卡米洛·雷斯特雷波

> 无论来自哪个国家,我们都是人类,而作为人类,如果不团结一心,我们将很脆弱。

这篇文章写的是我自己最近经历疫情的感受,虽然是感受,但它提醒我们:无论来自哪个国家,我们都是人类,而作为人类,如果不团结一心,我们将很脆弱。我的故事为那些富有责任感的人们表达心声,他们为拯救成千上万的人而努力,他们用行动来替代语言。"拯救生命"——这是所有生活在地球上人类的初衷,"我们"是消除世界上"病魔"的"良药"。

大家好!我的名字叫卡米洛·雷斯特雷波,来自哥伦比亚,我和我的女友在中国生活了7个月,她叫伊冯·迪亚兹。我们居住在江苏省省会南京市。为什么选择这里?因为南京大学是我们心仪的第一所大学。我之所以决定来中国学习中文,是因为我看

我与世界各地的朋友一起学习中国文化

到这个国家在文化研究上不断进步,在世界协同和文明方面处于领先地位。我想,"为什么不亲自去那个国家学习呢?"

很幸运,我能来到中国,在这个拥有几千年文明的古国的教育和引导下寻求更好的人生发展。现在,在追求学业的旅途中,命运为我提供了一个全新的机会和视野,让我意识到,掌控一切并不可能,生活充满了惊喜和危险,我们永远不能为未来做好万全的准备。由于新型冠状病毒的出现,我在中国直面病毒。我从未想过我会经历这样的事,尽管这是不幸的事,但它使我的人生经历变得更加丰富,也许我还没有为此做好准备,但我看到了一个被意外磨难击不垮的国家,她愿意与任何有害于人民的困难作斗争。这就是我今天故事以及许多人故事的开始。

当我开始学习中文的时候,我很惊讶要学的知识如此之多，也对中国人的积极主动性感到吃惊。我努力汲取知识，也与许多来自世界其他地方的朋友建立了友谊，学习了一些中国文化，但我觉得学习之路还很长。课余，我会去欣赏中国的一些庆祝活动，听同学们谈论中国的元旦、春节、元宵节……正当我准备让自己沉浸在中国的文化中时，意外不期而至。我在2020年1月5日才了解到关于新型冠状病毒的最新信息，因为我对这种突然出现的病毒缺乏相关知识，从此，我便开始了全面的关注。在哥伦比亚，也曾有各种流行病毒，但没有那么严重。

  我感到这是一个我必须学会应对的挑战，但我的中文还在基础水平，我不知道如何写中文信件，也不了解中文的社交媒介，我在南京的中国朋友也很少。我尝试解读新闻的含义，并切身感受给这个古老国家带来麻烦的疫情。幸运的是，我有女朋友的支持，还有我兄弟海梅·雷斯特雷波的帮助，尽管他在哥伦比亚，但他一直给我提供外媒的报道，并寻找可靠、真实的消息，以免我被误导。更好的是，我哥哥通过微信将我介绍给他的很多的中国朋友，他们向我伸出了友善之手，告诉我，不要害怕，我必须信任这个国家，遵从中国卫生部门、警察和学校的一系列规定。所有这些规定都是为了遏制疫情的发展并最终战胜它。

  我着手分析中国政府和新闻媒体的态度，了解他们发布的官方消息。就我所知，首批作出反应并推出查询疫情相关情况的应用程序有QQ、微信、支付宝、百度、淘宝和百度地图。这些应用程序每日更新最新数据，可以显示中国和你所在省市出现的感染病例、重症病例、死亡病例和治愈病例等信息。人们对病毒的防御是可控的。如果你感觉到有任何症状，可以直接寻求医生的帮助。应用程序也会大数据分析，告诉你附近的疫情。大学老师也把我们拉进了微信群，在群里发布有关病毒的每日最新消息。此外，警方还成立了小组来记录每个外国人的信息和健康状况，并给了我们医院的电话号码，告诉我们如果出现疑似症状要去医院，还告诉了我们应当注意的防护措施。网上购物平台也为不能及时给客人派送物品而致以歉意。政府通过科技公司给人们发送短信，提供防止病毒传播的建议。一切都秩序井然。看到这些，我很惊讶这个国家已经开始对病毒发起反攻了。

  有了这些消息，我觉得我和女朋友可以外出买口罩了，因为政府颁布了一项规定，人人必须戴口罩。幸运的是，我们从哥伦比亚带来了一些口罩。我们想顺便去超市买一些居家清洁用品和食物。来到外面，我有点惊讶街道的冷清，路上没有电动车、自行车、汽车，建筑施工也停止了。我们像往常那样去超市，但小路被封闭了。大路的进出口由穿着红背心的工作人员把守着，他们给居民量体温，看是否有发烧现象，询问居民的出行情况和出行时间，要求如实相告。而且只有该社区的人才能进入，外来人不得入内。人们说话声依然很爽朗，他们想说，我们很健康，也信心满满。

离开超市后，我们想找一个吃午餐的地方，但是都关门了。我们发现，购物商场、大学、公园、博物馆、电影院或卡拉OK等公共场所都已关闭，但是一些商店、药店仍然还是开放的，这是政府授权的，因为这些地方出售人们急需的东西。政府工作人员严防这些地方的入口，给进入的人们测量体温。当我们返回公寓时，进入小区也需要走同样的程序，测量体温。同时，公共场所（例如走廊或电梯里）放置了更多的清洁和卫生用品。这些地方充满了消毒水的味道，工作人员在电梯按钮的旁边放了一包纸巾，供人们按键时使用。回到家后，我们也要勤洗手，换下出门穿的衣服，用酒精喷雾剂对其消毒，用肥

随处可见的严密防控措施

皂或酒精消毒剂给手机消毒。需要澄清的是,这种冷清感刚好也是一个巧合。我的意思是说,中国刚好进入了春节放假期,很多单位这个时候都放假了,再加上政府要求隔离的预防措施,因此使人感觉有些冷清。

我上一段说的话可能听起来有些"偏执",但事实是"团结就是力量"。中国向世人表明,每天在这里生活的民众,没有表现出一丝恐慌,人们行为非常正常,态度正常,并且始终保持镇定。

还有一件真实的事。这个冬天我们很长时间没有出门晒太阳了,那天我们去玄武湖公园散步。它是南京的一个很著名的公园,在那里我们发现很多小木屋,鸟儿在唱歌,人们在喂食动物。他们都在享受明媚的阳光,有些人在打牌,有些人在讲笑话,笑声不断,但他们都戴着口罩。当我与一个中国朋友交谈时,他告诉我,我看到的那些穿着红背心的人都是从事社会工作的志愿者，他们帮助中国人和外国人，不为名，不为利，只是单纯地想提供帮助，这是一种多么善良的行为。看到这些人你会对中国政府的所有机构产生巨大的信任和信心。中国人表现出非凡的镇定感。中国也得到了很多国家的支持。日本、西班牙、韩国、英国等国家，还有我们国家的部分团体都在支持中国，他们向中国的医疗机构捐赠物资以帮助中国人。

当我看到疫情暴发的中心地湖北武汉仅用十天时间就建造出了一座火神山医院，我很震惊："我的天哪！这是真实的吗？！"军人、医务人员、建筑师、工程师和其他工作者不屈不

武汉火神山医院，洗消分队队长在操控机器人对走廊进行消毒作业

挠的毅力和倾情付出创造了这个奇迹。哥伦比亚人有很多方面要向中国人学习。

我向熟人打听有关武汉的情况，安全措施更加严格，他们仍然努力保持坚强的精神。医生为抗击这种病毒展开了阻击战，反复测试、研究病毒，不断摸索治疗方法。他们每天工作十多个小时，只有吃饭才停下来。有些人累了，休息片刻后又重新战斗。当他们感到极度疲倦需要休息时，其他医护人员便及时交接。尽管工作很辛苦，心理压力也很大，但这是他们心甘情愿的。"时间就是生命"，他们在与病魔赛跑。

因为我一直住在校外，为了预防感染，我现在不能进入校园，但我与住在宿舍的同学们取得了联系。他们告诉我，学校采取了很多措施，由于外国学生对这种情况缺乏经验，有很多人选择迅速离开了中国，但首先要确认不会把病毒带回国内。像中国这样做是必要的，让我们为整个世界考虑吧。现在如果有任何学生想要离开中国，他应该告知学校，然后由相关部门将其送往医院，检查身体健康状况和心理状况，等到结果出来后才可以离开。到了机场，学生也应当告知他们的国家。

作为一名留学生，我更愿留下来并与其他外国人共同努力，为他们树立榜样，始终保持高昂的斗志。大学即将封闭，学生可以在院系规定的时间内离开学校。再过些天不能离开学校时，学校安保人员会把学生需要的物资送上门。学校超市也供应充足。学生需要口罩时，学校工作人员会递送。老师们建议不管是离开中国的还是留在中国的学生们都不要停止学习，要上网课，保持对汉语学习的热情。课表也在不断调整中，学生们都同意学校的安排。我感到很高兴，老师及时向我们提供疫情的相关信息和学习资料，并及时回答我们的任何疑问。

但是，正当中国与新型冠状病毒作斗争的时候，我收到了一些谣传，说这个病毒会摧毁一切。这些信息里有谬论，有恐慌，有种族歧视。外国的电视、网站、小视频、报纸充斥着虚假新闻，某些媒体在诽谤中国政府的救助行为。这些媒体谈论中国武汉的流行病，谎称中国没有食物，人们感到惊慌，中国人本身就携带病毒，中国政府下令杀死宠物。

天哪！"中国以外都发生了什么？！"我开始研究并询问将一切错误信息传播到我的国家的媒体……显然，所有事实都被歪曲了，我不得不开始寻找许多方法来与每个人争辩，请他们不要说谎。我不能传达中国媒体展示的一切真实的情况，因为这些人根本不会相信，我开始拍一些南京的照片和视频，我问一些中国人是否可以给我一些西安、北京和深圳等城市的图片和视频，我还找到了在武汉生活的其他外国人在优酷上发布的视频，我在尽全力展示事情的真相。在哥伦比亚，有些人帮助我，并相信我、感谢我提供真实的图片，当然，中国给了我足够的证据来证明事实。

　　战斗还没有结束，但是现在，我也要像中国人一样，有耐心、有纪律、坚强、积极主动和负责任。我在中国只待了7个月，这是我能够讲的许多故事中的一个。中国，我们与你同在，让我们一起前进，温暖自由的国家永远强大！

作者简介

穆罕默德·哈桑，苏丹人。苏丹喀土穆大学文学院中文系助教，中国扬州大学苏丹研究中心访问学者。

抗疫心声

我完全相信中国政府和中国人民将赢得对抗疫情和反谣言的战争，通过这个考验，中国将比以前更强大。

谣言，别信！
[苏丹] 穆罕默德·哈桑

疫情出现后，我收到来自各方的消息，各种虚假报道及各种谣言像病毒一样在国外媒体上传播，我和我在喀土穆大学的学生，坚信中国将战胜疫情，用事实反驳谣言，我们要为中国加油！

我很高兴收到邀请，参加2019年12月在湖南省长沙市举行的国际中文教育大会，这是我第一次到这座城市，与我最好的朋友武汉科技大学的苏丹籍博士研究生亚辛见面。我了解到我的同事也在武汉，他正在准备中文博士学位的期末考试，于是我乘坐高铁去武汉看望他，数小时后就到达了武汉火车站。武汉火车站很大，旅客络绎不绝。我乘坐地铁去同事所在的学校。这所大学规模很大，就像中国很多大学一样。学校里有很多留学生，分别来自非洲和亚洲其他国家。学校里的走廊很漂亮，花园设计得很协调，树木又高又绿，有一条走廊直通我同事的住所。我们一起吃晚饭，饭后我们去逛街，看武汉的街景，同行的还有一位埃及的朋友。

街道上的灯光和来往穿梭的汽车使这座城市生机勃勃，我们在热闹的街区交谈着，逛了购物中心、商业街，走累了就坐下休息一会儿，还拍了一些纪念照片。这些照片至今我一一保留着，一看到它们我就想起了我的朋友，想起了这座美丽的城市。它就像一个充满激情的美丽的女孩，明亮得像一朵玫瑰，像祈祷和朝拜的房子一样安全，像小孩子的笑声一样承载着新的希望。

我从武汉去长沙参加了会议，然后回到扬州，我努力工作，希望在春节到来之前完成工作。假期，我计划去杭州看望朋友，外出旅游，但是这一切都不能实现了。一种新型冠状病毒在武汉出现并传播。为了保护中国境内所有公民的安全，中国政府发布了指示，采取适当的行动以限制病毒传播。未戴口罩一律不能进入公共场所。许多场所入口都有工作人员手持红外体温仪测量进出人员的体温。这种设备在中国很多商店都可以买到，而非洲许多医疗机构却缺乏这种设备。为了保护学生，大学实行封闭管理，为留校学生提供帮助，满足他们所有必要的需求。许多国际学生被分成小组，确定了购物的志愿者，需要购买任何东西，只需向购物志愿者发送物品清单并按价格支付所购物品的金额。为了避免感染，大学还为学生提供了许多生活必需品。刚开始时很多留学生很恐慌，但后来逐渐适应了，有些学生选择留下来继续学习，特别是大多数博士生，因为他们都需要写论文。新学期学生们开始了新的学习，通过互联网（远程教育）听讲座完成课程。

　　疫情出现后，谣言如野火般迅速蔓延。中国同时进行着两场战斗，一场是与疾病的斗争，查找疾病的原因、传播途径以及治疗方法；另一场是与谣言的斗争。各种虚假的报道以及对中国和中国人民的谣言像病毒一样在国外的新闻媒体上流传开来。我的手机一直在响，收到的短信和消息越来越多，来自家人、亲戚、朋友和同事。他们问我的健康状况以及为什么我还留在中国，说这种疾病正在蔓延，成千上万的人死于公共场所。当我问他们是从哪里获取的这些信息时，他们答复是从社交媒体上。他们给我发图片和视频，很多都与疾病的传播和感染无关，甚至很多照片都与中国无关。新型冠状病毒的迅速传播引起了全球恐慌，恐慌使人们相信媒体说的一切，这些信息未经思考和核实，你会发现，外国媒体对中国持有很大的偏见，对中国的歪曲和孤立正在蔓延。

将中国的某些地区描述为幽灵城市确实是一种夸张。病毒传播是自然灾害。但是令人深感遗憾的是，中国人因此在国外受到骚扰。由于中国境内有人感染了病毒，某些种族主义者甚至恶意扩大到针对全体亚洲人，这是一种可怕的行为。一些中国人去国外旅游，他们被骚扰甚至被迫终止旅行；在欧洲的一些亚洲人开的餐馆，顾客都避免与中国人接触；有个别国家还有攻击中国人的事件发生。现在的中国被指控为流行病的来源地和致命疾病的暴发地，很多媒体把中国编造成一个负面形象。世界上许多人没有到过中国，媒体的歪曲可能会影响这些人对中国的看法。他们没有亲眼看到中国的变化，作为世界第二大经济体和全球工厂，中国不仅在经济上取得了重大成就，而且在自然保护方面也走在了世界的前列。

国际货币基金组织主席说过，"非典"的蔓延发生在中国经济总量占全球经济总量8%的时刻。而如今，中国的经济总量已占全球经济总量的19%，其与亚洲甚至世界各地的联系更加紧密。可以说，中国的任何问题都可能会对其他国家产生影响。

我们来看一个有趣的对比。包括世界卫生组织、欧盟、印

苏丹喀土穆大学的学生为中国加油

度、巴基斯坦等在内的许多政府机构和国家,都通过不同的方式、在不同的场合赞扬了中国政府针对疫情所做的努力,表示愿意为中国提供援助。

不管平时国家间如何交往,美国一家媒体组织还是发表了一些报道,称赞中国在处理和报道疫情方面的开放态度,让外界看到了中国政府为阻止疫情蔓延采取的措施,尤其是世界卫生组织访问了北京,并与习近平主席进行了深入的交流。报道还指出,这种开放和透明的做法具有积极意义。

中国人民是中国历史的创造者和真正的英雄。中国政府在应对自然灾害和紧急事件方面拥有丰富的经验。中国医务人员以及军队官兵不分昼夜、不遗余力地与疫情做斗争,远离家人战斗在抗击疫情的一线。

在这里,国家和人类的价值观显而易见。团队合作最美妙的注释来自社区成员组成的专门小组,这些小组是阻隔疫情在城乡蔓延的第一道防线。另外,很多公司、个人免费提供力所

抗击疫情不分国籍,留学生志愿者共同守护家园

能及的支援，他们携起手来，以渡过这个艰难的时期。

中国政府和人民全天候采取预防措施，中国媒体及时发布有关疫情的信息，不仅为民众提供了有效指导和帮助，而且向世界展示了中国的真实形象。

疫情发生以后，湖北省武汉市果断封城来阻隔疫情向外蔓延，并火速建成火神山医院、雷神山医院、方舱医院等专门抗击疫情的医院，用来收治和隔离病人直至康复；在全国范围内进行全面调查，凡与确诊病人接触过的人员，均安排14天（潜伏期）的医学观察；每个人都必须戴口罩出入公共场所，凡车站、商场、社区等场所入口均安排测量体温；学校延迟开学，使用远程教学，以避免疾病感染和传播；很多公司、机构坚持工作，以满足疫情防控和生活物资所需。中国这些科学的抗击疫情措施受到了世界卫生组织的赞许。

不少阿拉伯研究人员和作家对中国参与全球事务感兴趣，他们对新型冠状病毒疫情的经济后果发表看法，特别是在没有确凿的有效对抗病毒的医疗方案的情况下，这些人主张世界经济和中国经济联系密切，中国面临的任何"地震"都会产生严重的全球后果。

中国是世界第二大经济体，考虑到中国2003年暴发"非典"疫情对全球经济的影响，新型冠状病毒将对世界经济和周边国家产生较大影响。疫情暴发严重打击旅游业和服务业，中国周边国家旅游收入大幅下降。

海湾国家受影响显著，因为中国是石油的主要进口国，疫情导致中国石油需求的下降，成为石油全球价格下降的主要原因。

很难通过过去的历史经验来估计2020年疫情的经济影响。由于中国经济从高速增长向高质量发展转变，我完全相信中国政府和中国人民将赢得对抗疫情和反谣言的战争，通过这个考验，中国将比以前更强大。习近平主席的讲话给人留下了深刻的印象，他在北京调研指导疾病预防控制工作的时候，强调统筹推进新冠肺炎疫情防控和经济社会发展各项任务，做好"六稳"工作，即稳就业、稳金融、稳外贸、稳外资、稳投资、稳预期。值得注意的是，预防和控制疫情不仅是医学和健康领域的战斗，也是经济和其他方面的全面战斗。

我们坚信，中国政府和中国人民一定能够在抗击疫情的斗争中取得胜利。

作者简介

斯里亚尼，斯里兰卡留学生。现在在武汉理工大学材料科学与工程学院攻读生物医学工程硕士学位。

抗疫心声

新型冠状病毒，虽然你是一个会隐藏的魔鬼，但你注定是个失败者。你击不垮可爱的中国和中国人民，他们比你想象的还要强大。你唯一能做的事就是向世界展示中国人民的力量、强大与和谐。他们马上就能战胜你。因为你，全世界看到了他们的众志成城。过一段时间，世人会忘记你，但一定会记住这些勇敢、可爱的中国人。

战"疫"在"爱的城市"

[斯里兰卡] 斯里亚尼

> 我亲爱的武汉，你比任何人想象的还要强大，并在不断证明着。在这段艰难的岁月里，你不是一个人在战斗，我们所有人与你同在。

武汉，我们称它为"爱的城市"，因为这座城市充满了善意和爱意。武汉是中国最美丽的城市之一，有美丽的湖泊、花园，华丽的商场和1000多万友好、善良的人们。它是我的第二故乡。除了有中国人，这里还有来自数百个国家的外国人。武汉给了所有人同样的爱。我从2016年起就一直在这里了。武汉是中国中部地区人口最多的城市，又被称为"大学城"，因为这里大学如云，有着许多国内外的大学生。武汉就像母亲一样，养育着、保护着我们。

起初，我非常害怕来中国，因为我对中国一无所知，语言也是巨大的障碍。但我的导师韩英超教授非常友善，在我去中国之前就和我联系，为我安排好了一切，并派了四名学生开车来机场接我。那是我第一次与中国人接触，是我生命中温暖而又快乐的经历。

老师同学们一直都在帮助我融入中国，和我一起共渡难关。事实上，我已经数不清他们有多少次来帮助和保护我了。很高兴地说，我很幸运有机会来到中国旅行和学习，与这样一群善良的人们在一起。我和我的斯里兰卡朋友一起被中国文化所感

大雪后的武汉依然美丽

动，同时爱上了中国文化。我也很喜欢这里的食物，真的非常美味。很多时候，我的中国朋友都为我准备各种各样的美食。让我感受到异国他乡的温暖，我还可以举出很多例子。记得有一次，我错过了航班，我的中国朋友志昌毫不犹豫地为我预订了一张新机票，居然还不要我的钱。这一件件暖心的事，让我难以忘怀，我把中国人民当成我的兄弟姐妹。即使在现在困难的时刻，他们也没有忘记我。我的导师和中国朋友每天询问我的情况。因为有他们，我一点也不孤单。

在2019年12月底，我的一位中国朋友告诉我："武汉有一种未知的病毒。你外出时应该戴口罩。"这是我第一次听说这种病毒，后来人们把它叫作新型冠状病毒。事实上，我们对此也并不在意，过着正常的生活。不幸的是，2020年1月23日，武汉市封城了，有几百万人留在了城里，为的是最大程度地减少病毒的传播。

当我听到这个消息时，我的心为之一颤，因为现在是中国的春节，大家都在置办年货。疫情开始的前几天，超市的东西卖完了。过了几天，超市开始恢复正常营业，并开通了线上购物。这对于待在家中隔离的人们来说更方便了。我们待在大学宿舍里，学校也要求我们这么做。

刚开始被隔离的两三天，待在宿舍里有些难受，但后来我们了解到事态的严重性后就理解了。这是我对疫情最初的感受，有种做梦的感觉。整个武汉在两三天之内就变得沉寂了。站在宿舍内望向窗外，我觉得有些孤独，听不到人们的说话声，看不到人们的笑脸。现在一切又变了，武汉人民坚定了战胜疫情的决心。

有很多英勇的中国人奋战在最前线，其中就有习近平主席。他的领导能力相当令人钦佩。最好的例子就是武汉火神山医院、雷神山医院的建立，中国政府在短短的十多天就建好了这两座医院。如果换了别的国家，我敢肯定他们一定无法妥善管理这么多人。中国政府的人道主义在此次抗击疫情的战斗中表现出色。政府尽最大努力满足人们的需求，武汉人民相信政府可以处理好此次危机。中国政府已派遣了数百支医疗队驰援武汉，帮助武汉医务人员救助患者。

我坚信这场危机终会结束，中国政府、医务人员、人民军队和中国人民一定会战胜此次疫情。在这场战役中涌现出了许多英雄，特别是伟大的医务人员，有些医护人员甚至献出了宝贵的生命。梁武东是湖北省中西医结合医院（新华医院）耳鼻喉科的医生，一直奋战在抗疫一线。他是第一位因感染了新冠肺炎而牺牲的医生。他们是这次战"疫"中真正的英雄。我向所有奋战在一线的人致以崇高的敬意。

疫情暴发后，我看到了小女孩孙思浩给她的医生爸爸写的一封信。这封信非常感人，我忍不住地落泪。她说她已经好几天没见到爸爸了，通过视频也看不到爸爸的脸，因为爸爸全身穿着防护服，只能看到爸爸的眼睛。她写道："爸爸的眼里充满了爱、泪水、正气、力量和勇气。"我认为小女孩的爸爸是一名真正的战士，医院就是战场。

我还看到了一个视频，视频中的小女孩与她在医院当护士的妈妈隔空相抱。她哭着说："我想你，妈妈。"还有许多令人动容的视频，这些视频见证了奋战在抗疫一线的医务工作者是多么的辛苦。除了她们，也有很多在家中的孩子越来越明白了自己敬爱的爸爸妈妈如何在疫情一线给患者带去了希望和力量。

即使我们所有人都处于隔离状态，我的大学并没有让我们感到被放弃。学校开始向我们提供一切生活必需品，即使校务工作者的生命安全在受到威胁。我们不能外出。我们就像孩子那样被保护着。我想强调的是，所有的物资都是免费提供的，不仅有食品，还有口罩、手套、洗手液、温度计和其他卫生用品。我的大学老师给我们建了一个微信群，24小时不断更新最新的正确的讯息，告诉大家如何保护自己，还及时解决我们的问题。他们每天都询问我们的健康状况，以确保大家平安无事。如果我们有任何不舒服都可以随时咨询，学校提供了在线医疗服务，校医院也是开放的。

我很清楚地知道，他们正在历经困难，但并不想让我们感受到困难。为了我们，所有的校务工作者都在值班，放弃了他们的春节假期。特别是我们的宿管主任萨默女士，一直在尽全力帮助我们。实际上，我想说，与每个学生亲自交谈，询问大家的需求和问题并不是她分内的事。此刻，她不像宿管主任，更像是一位母亲，把一切打理得井井有条。要知道，我们每个人都来自不同的国家，有着不同的需求。你能想象这有多难吗？但他们却做得如此出色。

我听到了一些关于中国和武汉不实的新闻。我很难过，因为我们才是真相的亲历者。制造和传播谣言很容易，编造新闻者根本不知道战胜疫情有多难，中国人是如何为之努力的。

以前每天晚上,我都听着音乐,看着中国老年人跳广场舞。他们的舞姿非常优美,我很喜欢。我常去户外和大家一起做些运动。虽然我说着蹩脚的中文,但他们非常的友善,没有

武汉加油!武汉多处地标建筑亮出灯光标语

一丝嘲笑，努力地听我想说什么。中国人非常喜欢运动。我大学周围的操场上每晚都是人，有年轻人、老年人，还有玩得非常开心的孩子们。那时的场景令人欢快。但现在我看到了随处可见的"武汉加油"的字样，它们鼓励着正在被隔离的武汉人。没有了音乐和广场舞，见不到人们往日的快乐和微笑，我有些不安。看不见摸不着的病毒藏匿了人们的快乐。

我想说，新型冠状病毒，虽然你是一个会隐藏的魔鬼，但你是一个真正的失败者。你击不垮可爱的中国和中国人民，他们比你想象的还要强大。你唯一能做的事就是向世界展示了可爱的中国人民的力量、强大与和谐。他们马上就能战胜你。因为你，全世界看到了他们的众志成城。过一段时间，世人会忘记你，但一定会记住这些勇敢、可爱的中国人。

我亲爱的武汉，你比任何人想象的还要强大，并在不断证明着。在这段艰难的岁月里，你不是一个人在战斗，我们所有人与你同在。在斯里兰卡，我的同胞们编排了许多节目为中国祈祷。我期待看见你昔日随处可见的魅力，我期待看见人们绽放的笑脸和花开满枝的树木。我坚信，以往美丽的春天会再次如期而至，并将更加迷人。花会盛开，鸟会唱歌。武汉，我们

斯里兰卡民众为中国祈祷

的小天堂,你很快就会好起来的。我们用爱守护着你。我知道这一天很快就会到来。

  我想对我所有在武汉的朋友们说,坚强、挺住、加油!我们和你们同在,我们是相亲相爱的一家人,我们一定能够共克时艰!

作者简介

凯兰·高塔姆，尼泊尔人。6岁就开始在报纸上发表文章，后来一直写体育专栏文章。从事媒体行业23年，尼泊尔当代出版集团总经理，经营着周报《当代时事周刊》和月报《尼泊尔邮报》，并设有网络门户。致力于将中文书籍翻译成尼泊尔文。

抗疫心声

这次新冠肺炎疫情暴发后，许多尼泊尔朋友和武汉的一些知名作家问我，你敢再去武汉吗？我告诉他们：武汉是我的第二故乡，如果需要我的服务，我明天就会飞过去。

武汉,要坚强!

[尼泊尔] 凯兰·高塔姆

> 尽管中国已经在中央和地方启动了全方位的应急机制,并拥有了克服困难的勇气和力量,但其他国家也有必要表达对中国人民的支持。

我向来是一个非常积极的思考者,无论是否具有可能性,我总是会尽可能地鼓励我的朋友们。但面对武汉近三个星期的封城这一现状,我也不知道该如何继续鼓励他们。说出"武汉加油""中国加油"等口号是容易的,但是克服挑战对所有民众在身体和心理层面来说,似乎都很困难。这注定是一场艰难的斗争,但中国终将获胜,虽然也需要付出一定的代价。希望我们早日得到好消息,见证新冠肺炎早日覆灭。

2019年11月,我们刚刚在尼泊尔加德满都举办了湖北传媒周活动,这是一场非常成功的活动。紧接着,我在尼泊尔接待了来自湖北十堰地区的高规格代表团。之后,我就去了中国,在吉林、北京、广州以及我最爱的武汉度过了24天的美好时光。这一期间，我还去了湖北省荆州市，并在2020年1月2日返回尼泊尔。我第一次去武汉是在2009年，从那以后，我一有空就会去武汉看看。

故人思念黄鹤楼

回想2009年，有人告诉我"天上九头鸟，地上湖北佬"，提醒我说湖北人在日常生活中脾气较大，要注意。但是让我惊奇的是，在到访过中国如此多的地方之后，我发现湖北人其实是非常谦逊、非常热情好客的。

当我第一次听说新冠肺炎时，我以为它只是一个普通的病毒性流感，但是谁知道它实际上是如此致命。武汉封城已经过去了17天，我很好奇：我的一些工作狂朋友平时每天工作18个小时，而现在他们又是怎么样的一种状态呢？在和中国朋友联系、获取中国最新资讯方面，微信是非常有用的。我不敢相信，在封城期间，如果没有微信会是怎么样的一个境遇。在2003年"非典"暴发时，我们并没有微信。现在，科技在日益进步，但我们依旧缺少常识：当有流言宣称某种东西对预防新冠肺炎有用时，人们不加分辨就争先恐后去购买。那会儿我就写下评论：关于改革开放40年，我们讨论良多，但这依然不能阻止人们依旧狂热地追随流言。如果我说狗狗的尿液可以治病，你就去喝？我发完这些之后，又再一次审视自己：如果我面临死亡，但是有人说如果你喝下某些东西就能活下去，那么无论我受教育程度如何，应该都会去喝吧。原来，批判总是很容易。

蝙蝠汤的照片在社交媒体上疯狂扩散。我的一个表哥遇到我时说："一个人怎么会去吃蝙蝠呢？"但是不久之后，我就了解到有一部分尼泊尔人食用蝙蝠的历史就很悠久。尼泊尔切彭格族群就吃蝙蝠肉。当地政府发出通知，警告他们为了避免感染新冠肺炎要禁食蝙蝠肉。目前，还有很多阴谋论在社交媒体上流传，如声称新冠肺炎是一场基因战争。

中国以境内假新闻较少而著称于世。但是关于新冠肺炎，我们却看到很多谣言和假新闻被人们分享、转载。我很少在群聊中分享新闻，但我也"中招"了。幸运的是，我的好朋友张雪梅指出我分享的是假新闻，并及时对我发出"预警"。

世俗的思想往往是病态的。它们在耸人听闻的言语中茁壮成长，它们也经常歪曲事实，或者夸大别人的说辞，或者时常断章取义。对于大多数人来说，普遍存在的缺陷是，在没有给被告提供反驳指控的机会的情况下，重复发出关于他人的错误的负面信息。不良的煽情主义在许多西方报纸中都是典型的。他们的态度不友善，因为他们不是医治不道德的人，而是丑闻散布者。

但另一方面，中国出版商却非常迅速地采取行动。他们及时发表了有关如何戴口罩（我本人之前就不懂正确戴口罩的方法）、如何摘口罩、定期洗手、如无必要不出门等预防新冠肺炎的文章，这一点非常重要。后来他们提供了中小学生电子书和其他学习资料，孩子们可免费下载，这在一定程度上会让家长们稍感安心。中国政府提倡所有学生在线上课，这是非常明智的举动。即使在疫情肆虐时，中国学生也没有错失受教育的机会。

湖北中图长江文化传媒有限公司是我的很好的生意伙伴，我们通过6889书店一起致力于推广尼泊尔艺术、手工制品、咖啡和茶叶等。尽管6889书店位于疫区中心，但它坚持更新公众号文章，主要关注新冠肺炎以及为孩子们推荐书籍。在危机中发出正能量，值得我们赞赏。

新冠肺炎可能在任何国家发生，而不仅局限于中国。因此，中国人不应受到歧视。但令人遗憾的是，即使在世界卫生组织明确表示新冠肺炎不会像埃博拉或"非典"那样造成严重伤害，在死亡率不高的情况下，许多国家还是选择关闭边境贸易并取消往返中国的航班。我甚至无法想象，如果这种流行病在尼泊尔发生，我们的政府将怎么做。在如此短的时间内，没有哪个国家可以建立两所拥有千张病床的医院。全世界对中国人的歧视如此之大，以至于一些中国朋友发起"我不是病毒"的活动。这获得了全世界人民的大力支持。尽管中国已经在中央和地方启动了全方位的应急机制，并拥有了克服困难的勇气和力量，但其他国家也有必要表达对中国人民的支持。这有两个原因：首先，来自世界各国的精神和物质支持将鼓舞受灾人民的士气，共同努力，可能会在抗击疫情方面取得某些突破。

在这种情况下,政府和民间团体派遣医疗专家和援助队伍是一个可喜的步骤。其次,如果这种流行病持续较长时间,全球范围内就会感受到中国经济损失的影响。由于中国对全球经济增长的贡献率居于世界首位,因此这对全球经济而言将不是一个好兆头。

我必须向医疗队、后勤人员和人民解放军致敬,如果没有他们的奉献精神,这种肺炎会在中国造成更严重的破坏。我也要向84岁的资深医生钟南山致敬,他为国为民的奉献精神成为年轻一代的表率。

这次新冠肺炎疫情暴发后,许多尼泊尔朋友和武汉的一些知名作家问我:你敢再去武汉吗?我告诉他们:武汉是我的第二故乡,如果需要我的服务,我明天就会飞过去。自新冠肺炎

来武汉吃一碗热干面

疫情暴发以来，我们也看到了中国所有省份人民的团结之情，中国西藏的僧侣捐款、街道清洁工捐出自己所有积蓄等事迹都非常让我感动。

我曾被问过一千次："你去过中国这么多地方，何处是你最喜欢的？"我总是不假思索地回答：武汉。人们都很惊讶，因为不会有很多外国人回答"武汉"，问的人习惯了听外国人说上海、北京是他们最喜欢的城市。但我只要一踏上武汉的土地，我内心就告诉我这种感觉，我也不知道是为什么，我就是有这种感觉。我希望能够早日回武汉，口嚼莲子漫步东湖，当然还要吃一碗热干面。

作者简介

埃希祖伦·迈克尔·米切尔·奥莫鲁伊，南非人，厦门大学世界经济学系博士，浙江师范大学非洲研究所尼日利亚研究中心执行主任。未来梦想是充当中非之间的桥梁，促进中非关系的发展。

抗疫心声

正是中国人民的顽强与韧劲，让我看到了"隧道"尽头的光明——中国，尤其是武汉，这座英雄与幸福之城，即将迎来曙光。

战"疫"的中国精神

[南非] 埃希祖伦·迈克尔·米切尔·奥莫鲁伊

> 我相信,中国在此次抗击疫情方面吸取了很多经验和教训,不断完善的医疗体系建设也给世界在未来应对类似的疫情和灾难贡献了中国智慧。

在中国生活了很多年后,我发现中国人身上具有奋发顽强、坚韧不拔的品质,"长征精神"依然影响和鼓舞着一代又一代中国人。在前进的道路上,每当遇到各种困难和挑战,中华民族代代传承的坚毅、团结、奉献等优秀品质总是激发他们迎难而上。人们总是更加尊敬那些在挫折中奋进、在逆境成功的人。正是中国人民的顽强与韧劲,让我看到了"隧道"尽头的光明——中国,尤其是武汉,这座英雄与幸福之城,即将迎来曙光。

此次战"疫"让世界看到了无数善良的中国人,从不分昼夜抗击疫情的医护者到奉献善举的志愿者。当我了解到武汉的一家餐馆老板刘小虎每天都坚持为奋战在抗疫一线的医护人员免费烹制200份爱心餐的故事时，我深深地被中国人民在疫情中体现的不畏艰难、无私奉献的精神所感动。刘小虎这位普通的中国人，当他在网上看到正在与病毒作斗争的医生和护士午餐在医院只吃方便面和面包时，当即决定要为医生和护士提供免费餐食。为了给白衣天使们做好爱心餐，从1月下旬开始，他就像机器人一样忙碌，每天工作15个小时，他用他的善举诠释了一名普通中国人的大爱。

　　面对复杂严峻的抗疫形势，中国政府和中国人民为这场战"疫"投入了大量的人力和物力，疫情防控工作成为举国上下的头等大事。中央银行下拨了3000亿元（约合436亿美元）资金用于抗击疫情；中央政府调集了来自全国各地三百多支医疗队，四万多名优秀的医务人员、科研专家驰援武汉，联合优化疫情防控方案，加速药物的研究和开发，出台各种治疗方案；中央政府还组织19个省市对口支援湖北疫情重灾区；腾讯、阿里巴巴、百度、中兴、科大讯飞和京东等互联网公司也在积极运用大数据、人工智能、5G技术等提供远程诊断服务，为抗击疫情提供强有力的技术支撑。此外，员工在家办公、学生在线

广东"医疗军团"驰援湖北

听课、居民居家隔离等等,这些都是中国人民战"疫"能取得胜利的重要保证。这些举措显示出了中国强大的实力,同时也说明只要万众一心、坚定信念,中国人民可以克服任何困难。

中国大可不必理会那些袖手旁观、缺乏责任感、影响中国人民和世界人民安全与稳定的人。在这场捍卫人类健康的战役中,国与国之间的理解、信任和支持最为重要。因此,随着中国防疫力度的加大,国际社会必须齐心协力消除这一全球性灾难,抗击疫情是全人类共同的社会责任。与其利用他国的不幸来散布仇恨与恐慌,不如贡献时间、精力、资源和平台来传递希望。恐慌比新冠病毒更为可怕,更被世人所鄙弃。因此,国际社会应该反对将卫生事件政治化,引起恐慌,更不应该给任何种族歧视言论、种族主义留下任何滋长空间。对全世界来说，目前最重要的是呼吁国际社会团结起来，对抗共同的敌人，而非辱骂或攻击任何一个暴发疫情的国家。发表任何关于疫情的言论都应以科学事实为依据，而不是基于狭隘的种族主义。所以，国际社会不应对疫情有情绪化的过度反应，应继续以客观和冷静的态度面对疫情。

中国政府非常有信心能完全战胜此次疫情，并完成今年经济和社会发展各项指标，全面建成小康社会，打赢脱贫攻坚战。2020年是中国全面建成小康社会的收官之年，也是"十三五"规划的最后一年。将疫情的影响降至最低，保持经济和社会的稳定发展，努力实现中共中央制定的目标和任务是

中医药战"疫"有新招

当务之急。中国正在不断总结有效的治疗方案，以指导患者的临床治疗，提高治愈率。通过加强医疗体系建设，中国证明了其在对抗新冠肺炎方面的科学性和灵活性。我相信，中国在此次抗击疫情方面吸取了很多经验和教训，不断完善的医疗体系建设也给世界在未来应对类似的疫情和灾难贡献了中国智慧。

作者简介

叶卡捷琳娜·克留科娃，俄罗斯联邦总统直管俄罗斯国民经济与公共管理大学商学院东方语言教研室主任。童年时曾经和父母一起在北京生活多年。毕业于国立莫斯科大学，在北京大学参加了一年培训，之后在中国大学进行了短期实习。曾在北京新华社总社工作。

抗疫心声

中国人民团结一致抗击疫情，不仅是拯救他们自己的国家，而且是拯救整个世界！我现在每天告诉学生们中国发生了什么，向学生传达我对中国的爱，这甚至比中文课程本身更为重要。

胜利必将属于你们

［俄罗斯］叶卡捷琳娜·克留科娃

我在教大学生学习中国成语时经常与他们一起领悟中国成语的含义，这些成语中就包括众志成城。现在我不需要思考如何解释这个成语的含义——这个在大家眼前活生生的例子生动说明人民的团结就是力量！

至爱的中国朋友们，虽然现在我不在中国，我在莫斯科生活和工作着，但是当我得知中国人民正面临着这样一个可怕的流行病，不由得牵挂担心，我真诚地思念着第二故乡——中国！为了战胜疫情，英勇的中国人民更加团结。在伟大的卫国战争期间，苏联人民说过："我们的事业是正义的，我们一定会胜利！"现在我要把这句话送给抗击病毒的中国战士："你们的事业是正义的，胜利必将属于你们！"

我非常关心那些在中国的华人朋友和俄罗斯朋友，经常与他们联系，关注他们是否平安无恙，是否需要帮助。我很钦佩他们的勇气和沉着，在不离开中国的情况下没有人散播恐慌，

支援湖北医疗队队员在和孩子告别

每个人都保持冷静，严格遵守着当地的防疫指令，每个人都相信很快就能战胜病毒，相信中国人的坚定和勇气，相信所有政府机构的可靠性，勇敢地抗击疫情。我发自内心地佩服伟大的中国人民，全国统一行动起来与危险的病毒抗争。敬佩中国的英雄医生，他们是当之无愧地被称为白衣天使的英雄。无数志愿者、医院的建设者、司机、快递员等，都在这场战争的最前沿与新型冠状病毒作斗争。

我是一名大学汉语老师，在教大学一年级学生学习中国成语时经常与他们一起领悟中国成语的含义，这些成语中就包括众志成城。现在我不需要思考如何解释这个成语的含义——这个在大家眼前活生生的例子生动说明人民的团结就是力量！中国人民团结一致抗击疫情，不仅是拯救他们自己的国家，而且是拯救整个世界！

当新型冠状病毒开始蔓延到中国越来越多的省份和城市时，我想为中国做一些事情，至少提供一点帮助，希望对中国人民筑起防疫新长城提供一些微薄的支持。作为一个普通的老师，如果没有雄厚的财力，该怎么办？事实证明，这不是问题。我可以高声告知在中国的所有朋友们——我们和你们在一起，我们永远在一起！俄罗斯将永远支持中国，无论是官方的还是非官方的！我也可以每天告诉我的学生们中国发生了什么，关于中国人民和中国医生的英雄主义，可以解答现在支持我们伟大的邻居是多么重要，还可以向学生传达我对中国的爱，这也将成为他们的一个重要体验，这甚至比中文课程本身更为重要。

俄罗斯联邦总统直管俄罗斯国民经济与管理大学商学院学习汉语的大学生们了解到疫情蔓延后，率先积极录制了支持中国的视频《中国加油！武汉加油！》。重要的是他们心里明白，当好邻居遇到麻烦时，他们并没有逃避！在未来的五年、十年、十五年之后这些学生中可能会有人担任领导职务，在与中国民间或政府机构合作中，我相信他们会永远铭记俄罗斯和中国是可靠的朋友，我们应该在一起并始终互相支持。

俄罗斯联邦总统直管俄罗斯国民经济与管理大学学生为中国加油

当然，不仅是我，我的所有的同仁，无论是从事管理工作还是在教室里授课，现在都异常牵挂担心中国正在发生的疫情，并教导我们的学生需要具有同情心，鼓励他们参与支持俄罗斯对中国的声援。我们每天都会看到普通俄罗斯民众录制对华声援的新视频。

不久前新成立的汉学发展协会宣布，将该协会热心会员购买的专业呼吸机和口罩集中捐赠送到武汉。虽然我们给予武汉的帮助，只能满足某家医院部分需求，但我们将这些援助信息传播给我们的学生和他们的朋友和家人，彰显我们两国之间的友谊纽带永远不会被中断，只会壮大和成长。是的，俄罗斯官方层面已经向武汉输送了人道主义的援助，但我们想尽上一份绵薄之力！

幸运的是，每天早上来自中国媒体的数字变化越来越令人鼓舞！发病率的增长正在放缓，已经治愈的人数正在增长。由于采取了正确的措施和中国一线战斗人员抗击疫情的英勇无畏，新型冠状病毒的蔓延已经得到控制。毫无疑问，中国将赢得这场无私无畏的战争！加油中国！加油武汉！我们在一起！我们必胜！

环球世纪出版社双语信息

1. 关于本书

1.1 提要和作者

本书提要

本书是在华国际友人对中国抗击新冠肺炎疫情的见证与表达。书中有作者及身边朋友亲历的战"疫"故事;有各国友人与中国人民同呼吸、共患难,彰显人类命运共同体精神的故事;有医护人员、抗疫志愿者、学生等不同角色的人,在阻击疫情过程中折射出中国力量和中国精神的故事。每篇内容图文并茂,真实感人。以外国人的视角讲述中国的社会治理能力以及中国政府如何集中力量办大事、中国人民如何众志成城共同战"疫"是本书的一大特色。

此书由环球世纪出版社和江西教育出版社合作出版。江西教育出版社成立于1985年,是一家以出版教材教辅、教育科学理论读物、主题教育读物、社科人文学术读物、少儿读物等出版物为特色的专业出版社。环球世纪出版社是世界上首家致力于在全球语境下出版双语的社科与人文的专业及大众书籍的出版社,专注于出版中国比较研究的著述,还包括在全球语境下对世界和人类知识研究的中华视野,以及对中国研究的非中华视野。

编者简介

刘利教授,北京语言大学校长,中国国际中文教育基金会副理事长。主要从事古代汉语、汉语语法学、汉语语法史、汉语词汇史的教学与研究。著有《墨子选注》(2008年)《左传译注》(2007年)《全唐文校点》"唐文拾遗"卷(2002年)《先秦汉语助动词研究》(2000年)《汉语语法通则》(1999年)《音韵答问》(1998年)《新编说文解字》(1991年)等著作,以及50多篇学术论文。

1.2 目录(见第v页)

1.3 本系列丛书及其它书籍

本系列丛书简介

　　本书是《'三只眼'转文化》丛书的第5卷。该丛书由日本关西学院大学教授、中日社会学学会前会长陈立行和全球中国学术院院长、英国伦敦大学学院荣誉教授常向群合作主编，由环球世纪出版社于2017年开始出版。

《'三只眼'转文化》丛书的其他书籍

系列主编：陈立行 [英] 常向群

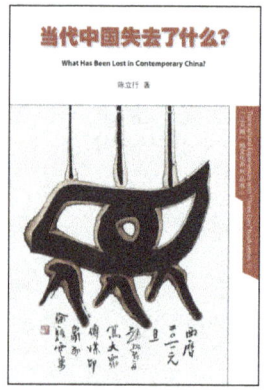

书名：《当代中国失去了什么？》
作者：陈立行
翻译：常恩悉
系列编号：第1卷
语言：中文;英文
伦敦：环球世纪出版社（2016, 2018年）

ISBN 978-1-910334-75-1（中文 精装）
ISBN 978-1-910334-74-4（中文 平装）
ISBN 978-1-910334-50-8（英文 精装）
ISBN 978-1-910334-49-2（英文 平装）
DOI https://doi.org/10.24103/tete1.cn.2018
DOI https://doi.org/10.24103/tete1.en.2018

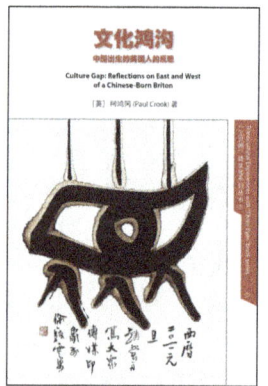

书名：《文化鸿沟：中国出生的英国人的反思》
作者：[英] 柯鸿冈（Paul Crook）
系列编号：第2卷
语言：中文
伦敦：环球世纪出版社（2018年）

ISBN 978-1-910334-81-2（中文 精装）
ISBN 978-1-910334-80-5（中文 平装）
DOI https://doi.org/10.24103/tete2.cn.2018

书名：《为和平徒步——中国之旅的转文化体验》
作者：[英] 麦克·贝茨
编者：[英] 李雪琳·贝茨
系列编号：第3卷
语言：中文;英文
伦敦：环球世纪出版社（2019年）

ISBN 978-1-910334-41-6（中文 精装）
ISBN 978-1-910334-39-3（中文 平装）
ISBN 978-1-910334-40-9（英文 精装）
ISBN 978-1-910334-38-6（英文 平装）
DOI https://doi.org/10.24103/tete3.cn.2019
DOI https://doi.org/10.24103/tete3.en.2019

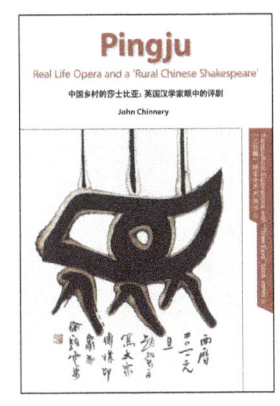

书名：《中国乡村的莎士比亚：英国汉学家眼中的评剧》
作者：[英] 秦乃瑞（John Chinnery）
系列编号：第4卷
语言：英文
伦敦：环球世纪出版社（2019年）
ISBN 978-1-910334-71-3（英文 精装）
ISBN 978-1-910334-70-6（英文 平装）
DOI https://doi.org/10.24103/tete4.en.2019

2. 更多来自本社

  环球世纪出版社（公司注册号：8892970）是全球中国学术院旗下的子公司。是世界上首家致力于在全球语境下出版双语的社科与人文的专业及大众书籍的出版社。环球世纪出版社专注于出版中国比较研究的著述，还包括在全球语境下对世界和人类知识研究的中华视野，以及对中国研究的非中华视野。

  本社出版的范围广泛，如学术期刊、会议或基于主题的论文集、研究专著、丛书、社科汉语教材以及工具书等（彩印为主）。出版的形式多样，如印刷版、电子版、音像、网络及其移动网络版。

  本社有DOI授权，单篇文章夹在开头部分如序言和末尾部分如参考文献和本社独有的英汉双语信息之间，包括了该书的相关信息，以"三明治"式的小册子形式呈现；但丛书总序言例外，类似"披萨"的形式呈现。

  网站：http://www.globalcenturypress.com

2.1 本社社以全球和转文化视野创造了双语服务的独有特色

  本社以英汉双语出版社会和人文学科的学术及其通俗著作，但不是以英汉对照的形式。而是有些书只出英文版或中文版，有些书既出英文版也出中文版。本社为所有期刊和书籍都提供了英汉双语信息。如果是英文书，后面包括的中文基本信息有助于中文读者了解在英语世界这一领域正在进行的努力。同样，我们有两种中文期刊（见2.5），双语信息中的英文部分所包括的英文的基本信息，可以帮助非中文读者了解在英语世界之外这一领域正在进行的努力。

  目前，环球世纪出版社出版三种前沿学术期刊和六种特色系列丛书，以鼓励从全球和比较的视野来研究中国。这些转文化产品展示了全球中国学术院如何为全球学术界做出贡献并参与构建人类命运共同体的。在双语信息后面的"关于本系列丛书"和"其他系列丛书"的扩展部分为读者提供了超越该书的更大图景。

  本社系列丛书的封面均精选自世界上最优秀的当代中国书法家之一、英籍华人书法家和艺术家赵一舟先生的数千幅作品。这些"书画"都是基于汉字或词组，在某种程度上反映出我们的几套系列丛书的主题，比如："旦"用于《中华概念》丛书、"文明"用于《中华话语》丛书、"心"用于《中国城镇化研究》丛书、"人"用于《中国社会科学全球化》、"乐"用于《读懂中国与世界》丛书、"众"用于《'三只眼'转文化》丛书（见2.4）。有些字直接被书画家用作"书画"的标题，有些则赋予了特定的含义，如：《人是人的囚徒》、《大众与传媒》。而以《各乐其乐》为例，它表现了中国典型的太极思维方式。赵氏丰富的工艺综合了中国和西方的材料（包括水彩纸上的丙烯、宣纸上的墨水和油）和技术，并借助于东西方的时空来提供它们之间的对话。凭借深厚的美学和哲学基础，以及他在中西文化之间的转文化经历，其作品在传统与创新之间取得了平衡，在一定意义上表达了全球中国学术院和环球世纪出版社的旨意。

我们使用世界地图作为所有期刊包括《全球中国对话文集》辑刊系列封面的背景，同时使用不同的和对比款式来设计，《全球中国比较研究》封面由三种不同颜色的水平色条构成，《社科汉语研究》、《语料库与中国社科研究》和《全球中国对话文集》的背景颜色不同，其封面和封底均以"白中有黑"或"黑种有白"的阴阳八卦思维来处理。这两种封面都表达了我们的"全球和比较视野"的主题（见2.5）。

本社出版的每一本书或发表的每一篇文章都是转文化产品。该过程贯穿产品制作的每一个流程。作者、著作编辑、文案编辑、校对、美术编辑和排版师之间的转文化合作关系构成本社出版模式的核心，展现了环球世纪出版社乃至全球中国学术院倡导的传文化理念的实践过程。

2.2 本社汉英双语显示体例

- 本社在带有DOI号的各篇后均加上"环球世纪出版社双语信息"，包括"关于本书"（见上节1.1-3）和"更多来自本社"（见本节2.1-5）两部分。这种汉英双语服务集中提供了该期刊或系列丛书中某书的重要信息。

- 在英文版中，封面、扉页和封底以及版权页等的双语显示均为英文在上中文在下；在中文版中则倒过来。

- 本社从1,000多种可能的字体中选择了Times New Roman和方正楷体（FZKai-Z03）这两种字体分别对英文版和中文版进行排版，构成了本社英汉双语排版的风格。当中文出现在英语版或英文出现在中文版时，InDesign软件为我们提供复合字体。

- Times New Roman字体的正体不能标准化地显示某些汉语拼音，如"地缘"的拼音"dìyuán"中的"á"与斜体拼音"*dìyuán*"中的"*á*"看上去不同。在中国出版界通用的标准地显示拼音的字体GB-PINYIN-D中，无论正体还是斜体的显示均与后者相同。本社使用拼音的正体与斜体依旧采用Times New Roman来呈现

- 本社正在为我们的英汉双语排版（包括标题、标点符号、空格等）制订统一的规则。例如，所有的中文字体里的标点符号都大于Times New Roman 中的同类标点符号。我们使用微软楷体（KaiTi）字体的标点符号来调整英文单词和汉字之间的尴尬空隙。

2.3 本社中文及相关名字英文显示体例

2011年，中国国家质量监督检验检疫总局和中国国家标准化管理委员会联合发布了《中文姓名拼音拼写规则》[1]。在过去的十年中，一些规则受到了挑战。本社在上述规则的基础上进行了调整并制定了相应的中文名字英文显示体例。

- 所有中文姓名由拼音形式呈现，而不是以斜体字呈现，地名也是如此，例如：北京或上海（Beijing, Shanghai）。
- 一般而言，中文姓氏（或家族姓氏）由单姓（例如：赵、钱、孙、李）或复姓组成（例如：欧阳、司马），偶尔也有双姓名（如：欧阳陈）。另外，1980年代中国"一胎化"政策实施后出生者婚后的孩子也有"复姓"，为了"传宗接代"的需要父母双方创造性地各取一姓，如父姓张与母姓杨合成为"张杨"这一新的"复姓"。
- 中文人名的用法，先姓氏然后是名，前者一般是单姓，看上去较短，后者一般由两个字组成，看上去更长，例如：王老五（WANG Laowu），有时候，在中间加上分号（-）来连接人名的两个汉字。虽然中文常见名为三字姓名，由于传统文化的复兴，父母为子女取名时会依据命理原理，在单姓之外增加名字的数量，如在张泽琳圿（ZHANG Zelinli）这样的名字中含有水、木和土元素。
- 中文人名的拼音或英文写法有两种：一种是姓大写，后面的名字小写（如：ZHANG San, WANG Laowu）。本社采用这种方式用于所有大陆华人的中文名称。
- 另一种中文人名的拼音或英文写法按照中文姓名顺序并且姓氏不用大写，如：邓小平、张艺谋（Deng Xiaoping, Zhang Yimou）。根据约定俗成规则，本社也会使用这种写法，主要用于一些广为人知的名字，尤其是政治家或社会名流，这种用法在西方越来越普遍。
- 在实际运用上，海外华人大都是将他们姓放在最后，以英文姓名顺序来书写，例如：老五王（Laowu Wang）。
- 一些曾用过"韦氏拼音"[2]的名字，如：费孝通（Fei Hsiao-tung），以汉语拼音为主，在同一篇文章或著作首次使用时列出，如：费孝通（Fei Xiaotong / Fei Hsiao-tung）。
- 非大陆原籍的海外华人英文名受方言影响，有的还有英文名。在可能的情况下，在同一篇文章或著作首次使用时尽量列出，如金耀基英文名通常为 Ambrose King，或 Ambrose Yeo-Chi King，有时出现汉语拼音 Jin Yaoji 或 Yaoji Jin。
- 一些韩国姓名中文写法看起来像华人的三字姓名，例如：具海根、金光亿，但他们通常把姓放在名字后面并大写（Hagen KOO, Kwang-ok KIM）。同样的规则也适用于日文名字，如：福武直（Tadashi FUKUTAKE）、山泰幸（Yoshiyuki YAMA）。
- 在本社出版物中，如果您看到姓放在名的前面，一般可推测那个人来自中国大陆。名字的使用方式因人而异，也有例外。

---

[1] 见：http://sxqx.alljournal.cn/uploadfile/sxqx/20171130/GBT28039-2011中国人名汉语拼音字母拼写规则.pdf。

[2] 见：https://zh.wikipedia.org/wiki/威妥玛拼音。

2.4 环球世界出版社系列丛书例举

《中华概念》

系列策划：[英]马丁·阿尔布劳（Martin Albrow）；系列主编：[英] 常向群

书　名：《社会建设：中国社会发展的一种模式》
编　者：[英] 常向群 主编
翻　译：徐海燕等
系列编号：第1卷
语　言：中文; 英文
伦敦：环球世纪出版社（2015年）
ISBN 978-1-910334-01-0（中文 精装）
ISBN 978-1-910334-00-3（中文 平装）
ISBN 978-1-910334-02-7（英文 精装）
ISBN 978-1-910334-03-4（英文 平装）
DOI https://doi.org/10.24103/cc1.cn.2015
DOI https://doi.org/10.24103/cc1.en.2015

《中华话语》

系列主编：谢立中　钱毓芳

书　名：《<纽约时报> 涉藏报道与中国对外传播策略》
作　者：黄敏
系列编号：第1卷
语　言：中文
伦敦：环球世纪出版社（2016年）
ISBN 978-1-910334-43-0（中文 精装）
ISBN 978-1-910334-42-3（中文 平装）
DOI https://doi.org/10.24103/cd1.cn.2016

《中国城镇化研究》

系列主编：李强　李铁；执行主编：刘佳燕

书　名：《中国城镇化：亿万农民进城的故事》
编　者：谢春涛
翻　译：王池英
系列编号：第1卷
语　言：中文; 英文
伦敦：环球世纪出版社（2016年）
ISBN 978-1-910334-21-8（中文 平装）
ISBN 978-1-910334-20-1（英文 平装）
DOI https://doi.org/10.24103/cus1.cn.2016
DOI https://doi.org/10.24103/cus1.en.2016

《中国社会科学全球化》
系列主编：[英] 常向群

书名：《费孝通研究》第1卷
编者：[英] 王斯福（S. Feuchtwang）
　　　[英] 常向群
　　　周大鸣
系列编号：第1卷
语言：中文; 英文
伦敦：环球世纪出版社（2015年）
ISBN 978-1-91033-407-2（中文 精装）
ISBN 978-1-91033-406-5（中文 平装）
ISBN 978-1-91033-405-8（英文 精装）
ISBN 978-1-91033-404-1（英文 平装）
DOI https://doi.org/10.24103/gcss1.cn.2015

DOI https://doi.org/10.24103/gcss1.en.2015

《读懂中国与世界》
系列策划：郑杭生；系列主编：[英] 常向群

书名：《新安江水库移民口述史
　　　——千岛湖水下古村泗渡洲个案研究》
作者：方建移
系列编号：第3卷
语言：中文
伦敦：环球世纪出版社（2020年）
ISBN 978-1-910334-95-9（中文 精装）
ISBN 978-1-910334-94-2（中文 平装）
DOI https://doi.org/10.24103/ucw3.cn.2020

《'三只眼'转文化》
系列主编：陈立行 [英] 常向群

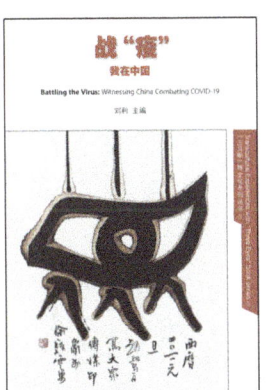

书名：《战"疫"——我在中国》
编者：刘利
系列编号：第5卷
语言：中文; 英文
伦敦：环球世纪出版社（2020年）
ISBN 978-1-910334-90-4（中文 平装）
ISBN 978-1-910334-91-1（英文 平装）
DOI https://doi.org/10.24103/tete5.cn.2020
DOI https://doi.org/10.24103/tete5.en.2020

2.5 期刊与集刊系列

期刊

《全球中国比较研究》

主编：[英] 常向群
期号：第1期
年刊：2015年创刊
语言：中文；英文
伦敦：环球世纪出版社
刊号：ISSN 2633-9560（英文 印刷版）
　　　ISSN 2633-9579（英文 电子版）
　　　ISSN 2633-9560（中文 印刷版）
　　　ISSN 2633-9579（中文 印刷版）
DOI https://doi.org/10.24103/jcgcp
DOI https://doi.org/10.24103/jcgcp.cn
www.globalcenturypress.com/jcgcp

《社科汉语研究》

主编：[英] 冯东宁　[英] 宋连谊
期号：第1期
双年刊：2018年创刊
语言：中文
伦敦：环球世纪出版社
刊号：ISSN 2633-9501（印刷版）
　　　ISSN 2633-9633（电子版）
ISBN 978-1-910334-22-5
DOI https://doi.org/10.24103/jcss.cn
www.globalcenturypress.com/jcss

《语料库与中国社科研究》

主编：钱毓芳
期号：第1期
双年刊：2019年创刊
语言：中文
伦敦：全球世纪出版社
刊号：ISSN 2633-9617（印刷版）
　　　ISSN 2633-9625（电子版）
ISBN 978-1-910334-68-3
DOI https://doi.org/10.24103/jcacss.cn
www.globalcenturypress.com/jcacss

集刊系列：《全球中国对话文集》
系列策划：[英] 马丁·阿尔布劳（Martin Albrow）；系列主编：[英] 常向群

《转文化与全球治理》

本集编辑：[英] 常向群　[意] 裴可诗（C. Pernigotti）
　　　　　[瑞] 冯琰
集刊号：第1、2集合刊
语言：中文; 英文
伦敦：全球世纪出版社（2016年）
ISBN 978-1-910334-33-1（中文）
ISBN 978-1-910334-32-4（英文）
DOI https://doi.org/10.24103/gcdp1.2.cn.2016
DOI https://doi.org/10.24103/gcdp1.2.en.2016
www.globalcenturypress.com/gcdp

《可持续性与全球气候治理》

本集编辑：[英] 常向群　钱毓芳
　　　　　[意] 裴可诗（C. Pernigotti）
集刊号：第3集
语言：中文; 英文
伦敦：全球世纪出版社（2017年）
ISBN 978-1-910334-33-1（中文）
ISBN 978-1-910334-45-4（英文）
DOI https://doi.org/10.24103/gcdp3.cn.2017
DOI https://doi.org/10.24103/gcdp3.en.2017
www.globalcenturypress.com/gcdp

《"一带一路"：为了共同目标的转文化合作》

本集编辑：[英] 常向群　[意] 裴可诗（C. Pernigotti）
集刊号：第4集
语言：中文; 英文
伦敦：全球世纪出版社（2018年）
ISBN 978-1-910334-61-4（中文）
ISBN 978-1-910334-60-7（英文）
DOI https://doi.org/10.24103/gcdp4.cn.2018
DOI https://doi.org/10.24103/gcgcp4.en.2018
www.globalcenturypress.com/gcdp

Dual language information from Global Century Press

1. About the book

1.1 Abstract and about the editor

About the book

This book consists of stories about what the foreigners living in China saw during the epidemic. In the book, the authors describe the situation of the epidemic and the dedication of the government and front-line medical personnel from their perspectives. They expressed the thoughts of shared human future with simplest and warmest words. This book aims to show the public an objective and true situation of China's fight against COVID-19.

This book is published jointly by Global Century Press (GCP) and Jiangxi Education Publishing House (JXEPH) in 2020. Founded in 1985, JXEPH is one of China's leading education publishing houses. JXEPH is familiar to millions through a diverse publishing program that includes scholarly works in all academic disciplines, school and college textbooks, workbooks, materials for teaching Chinese as a foreign language, dictionaries and reference books, literary works, children's books and periodicals. Founded in 2014, GCP is a UK-based publisher dedicated to publishing academic and popular books in the social sciences and the humanities bilingually in a global context.

About the editor

Professor LIU Li is President of Beijing Language and Culture University and Vice Chairman of the Chinese Language Education Foundation. He specializes in the teaching and research of ancient Chinese, Chinese grammar and history of Chinese grammar and vocabulary. He is the author of the following books: *Selected Notes of Mozi* (2008), *Zuo Zhuan Annotation* (2007), *Revised Edition of Tang Articles* (2002), *Research on Pre-Qin Chinese Auxiliary Verbs* (2000), *General Principles of Chinese Grammar* (1999), *Answers to Phonology* (1998), *Understanding Texts and Words* (1991), and over 50 journal articles.

1.2 Table of contents

Prefaces
    General Preface by Lixing Chen and Xiangqun Chang ⋯⋯⋯⋯⋯⋯⋯⋯ vii
    Preface ⋯⋯⋯⋯⋯⋯⋯⋯⋯⋯⋯⋯⋯⋯⋯⋯⋯⋯⋯⋯⋯⋯⋯⋯⋯⋯⋯⋯ xii

Chapter 1 COVID-19 outbreak in my eyes ⋯⋯⋯⋯⋯⋯⋯⋯⋯⋯⋯⋯⋯⋯ 1
    1.1 Blessings from Ambassadors to China ⋯⋯⋯⋯⋯⋯⋯⋯⋯⋯⋯⋯⋯⋯ 3

1.2 Fighting Epidemic, Against the Common Enemy of All Mankind
by Leela Mani Paudyal (Nepal) ································· 7

Chapter 2 Letters on Epidemic 17
2.1 I live in your future by Ennis (Tunisia)............................. 19
2.2 This is also my fight by Felicia Nina Gherman (Romania) 27
2.3 Call for conscience by Patric Sadi (Democratic Republic of the Congo) 38
2.4 I'm Fine in Wuyuan by Edward Gawne (UK) 45
2.5 Let Me Record This Disaster by Mark Levine (USA) 51
2.6 A Friend in Need Is a Friend Indeed by WU Baoqiang (Cambodia) 59
2.7 Moving Ahead Together, No Matter Rain or Shine by Bushra Naz (Pakistan) 67
2.8 I'm with China by Malone (Afghanistan) 74
2.9 Becoming Part of China's Fight Against the Epidemic by Zihan Zhang (Italy) 81

Chapter 3 True friendship in the time of epidemic 87
3.1 My Application for Fighting the COVID-19 in China
by Glele Aho Letonhan R.G (The Republic of Benin)................. 89
3.2 Viruses can never keep away love by Mohadeseh Barzegar Bafrouei (Iran)....... 95
3.3 Let's tell the world what we experienced by WANG Xiao (Egypt) 105
3.4 Be an Anti-epidemic Volunteer By Muhammad Sultan Irshad (Pakistan) 121
3.5 Combating COVID-19: My Own Story By Camilo Restrepo (Colombia)........ 129
3.6 Don't believe in rumors! By Muhammad Hassan (Sudan)..................... 140
3.7 Fighting Against Virus in Love City by Sriyani (Sri Lanka) 149
3.8 Stay strong, Wuhan! By Kiran Gautam (Nepal)............................ 159
3.9 China's Spirit in Fighting Against COVID-19
by Ehizuelen Michael Mitchell Omoruyi (South African)................. 167
3.10 Victory must be yours by Ekaterina Kryukova (Russia)................... 173

Dual language information from Global Century Press 179
  1 About the book 179, 188
    1.1 Abstract and the author 179, 188
    1.2 Table of contents 179, 188
    1.3 About the book series and other books in this series 180, 189
  2 More from Global Century Press 181, 191
    2.1 GCP creates a unique feature for a dual language service with global
and transcultural perspectives........................... 181, 191
    2.2 GCP style rules for rendering Chinese-English dual languages 182, 193
    2.3 GCP style rules for Chinese and related names 182, 193
    2.4 Examples of other Global Century Press book series...... 183, 195
    2.5 Journals and periodicals 184, 197

1.3 About the book series

This is the fifth book in the *Transcultural Experiences with 'Three Eyes'* series, edited jointly by Lixing Chen, Professor of Sociology, Kwansei Gakuin University, and former President of Japan-China Sociological Society, Japan and Xiangqun Chang, President of Global China Academy and Honorary Professor of University College London, UK. It is published by Global Century Press from 2017.

Other books in the *Transcultural Experiences with 'Three Eyes'* series
Series Editors: Lixing Chen and Xiangqun Chang

Title: *What has Been Lost in Contemporary China?*
Author: Lixing Chen
Translator: Enxi Chang
Series No.: Vol. 1
Language: English; Chinese
London: Global Century Press (2018)

ISBN 978-1-910334-50-8 (English hardback)
ISBN 978-1-910334-49-2 (English paperback)
ISBN 978-1-910334-75-1 (Chinese hardback)
ISBN 978-1-910334-74-4 (Chinese paperback)
DOI https://doi.org/10.24103/tete1.en.2018
DOI https://doi.org/10.24103/tete1.cn.2018

Title: *Culture Gap: Reflections on East and West of a Chinese-Born Briton*
Author: Paul Crook
Series No.: Vol. 2
Language: Chinese
London: Global Century Press (2018)

ISBN 978-1-910334-81-2 (Chinese hardback)
ISBN 978-1-910334-80-5 (Chinese paperback)
DOI https://doi.org/10.24103/tete2.cn.2018

Title: *Walk for Peace: Transculturality with China experiences*
Author: Michael Bates
Editor: Xuelin Li Bates
Series No.: Vol. 3
Language: English; Chinese
London: Global Century Press (2019)

ISBN 978-1-910334-40-9 (English hardback)
ISBN 978-1-910334-38-6 (English paperback)
ISBN 978-1-910334-41-6 (Chinese hardback)
ISBN 978-1-910334-39-3 (Chinese paperback)
DOI https://doi.org/10.24103/tete3.en.2019
DOI https://doi.org/10.24103/tete3.cn.2019

环球世纪出版社双语信息

Title: *Pingju: Real Life Opera and 'Rural Chinese Shakespeare'*
Author: John Chinnery
Series No.: Vol. 4
Language: English
London: Global Century Press (2019)
ISBN 978-1-910334-71-3 (English hardback)
ISBN 978-1-910334-70-6 (English paperback)
DOI https://doi.org/10.24103/tete4.en.2019

2. More from Global Century Press

Global Century Press (GCP company No.: 8892970), founded in 2015, is a subsidiary trading company of Global China Academy (GCA). It is the first publisher in the world dedicated to publishing social scientific and humanities academic and popular books bilingually, focusing on studies of China in comparative perspective, Chinese perspectives of the world or human knowledge, and non-Chinese perspectives of China in a global context.

It publishes a range of publications, from academic journals, edited volumes, selected conference papers and theme-based articles, to research monographs, book series, teaching and learning materials on Chinese for social sciences, and reference books, printed mostly in colour. The works are published in various forms, such as print, electronic versions, video, audio, on the internet and on the mobile internet.

GCP has DOI authorization. A single article includes relevant information, presented in the form of a 'sandwich', preceded by front matter such as the General Preface, and followed by the end matter such as the references and GCP's unique dual language section. The exception to this is the General Preface, which is presented in the form of a 'pizza', topping the front matter.

Website: http://www.globalcenturypress.com

2.1 GCP creates a unique feature for a dual-language service with global and transcultural perspectives

GCP publishes social scientific and humanities academic and popular books bilingually. Some books have both English and Chinese editions, and other books have only an English or a Chinese edition. GCP provides English and Chinese dual-language information in all journals and books. In the case of an English book, the Chinese part of the dual language information is designed to assist Chinese readers. Similarly, two of the journals (see section 2.5) are in Chinese, and the English part of the dual language information includes material to help non-Chinese speakers appreciate the endeavours in this field outside the English-speaking world.

Currently, GCP publishes three cutting-edge academic journals and six book series that encourage the study of China in global and comparative perspectives. These transcultural products demonstrate how GCA contributes to global academia and participates in building a shared common future. The extended sections called 'About the book series' and 'Other book series published by GCP' provide readers with a bigger picture beyond this book.

The covers of all the book series feature 'calligraphy-paintings' (书画) selected from the transcultural works of British-Chinese calligrapher and artist Yizhou Zhao (赵翼舟), one of the finest contemporary Chinese calligraphers in the world. Each image is based on a Chinese character or phrase that to a certain extent reflects upon the theme of each series. For example: the Chinese character 旦 (dawn) is used for the 'Chinese Concepts' series; 文明 (civilization) for the 'Chinese Discourse' series; 心 (heart) for the 'China Urbanization Studies' series; 人 (people or human being) for the 'Globalization of Chinese Social Sciences' series; 乐 (happiness) for the 'Understanding China and the World' series; and 众 (the masses or crowd) for the 'Transcultural experiences with "three eyes"' series (see see 2.4). Some of the characters are directly used as the title of the image, and some of them offer more elaborate and specific meanings, e.g. 'Man is man's prisoner' (《人是人的囚徒》) and 'Mass media' (《大众与传媒》). In the case of 'Everybody can enjoy one's own happiness' (《各乐其乐》), the image represents *yin* and *yang*, the typical Chinese way of thinking. His rich process synthesises the materials (including acrylic on watercolour paper, ink on rice paper, and oils) and techniques found in China and the West, and draws on the histories of both spheres to offer a dialogue between them. With deep aesthetic and philosophical underpinnings, informed by his many transcultural experiences between Chinese and Western cultures, Zhao's work strikes a balance between tradition and innovation and illustrates the aims of both GCA and GCP.

We use a complete map of the world as the background for all covers of journals and the Global China Dialogue (GCD) Proceedings, with different, contrasting versions of the design. *Journal of China in Global and Comparative Perspectives* (*JCGCP*) has three horizontal bars of colour, whereas *Journal of Chinese for Social Science* (*JCSS*) and *Journal of Corpus Approaches to Chinese Social Science* (*JCACSS*) feature 'black on white' and 'white on black' treatments on the front and back covers. Together, these images illustrate our main theme of 'global and comparative perspectives' (see 2.5).

At GCP every book or journal article is a transcultural product. This process carries through every step of production. The transcultural partnership between authors and editors, copyeditors, proof readers, graphic designers and typesetters is the heart of GCP's model, and demonstrates everything that GCP and GCA strive for.

2.2 GCP style rules for rendering Chinese-English dual languages

- GCP adds a section called 'Dual language information from Global Century Press' at the end of every DOI piece in each journal or book. It includes 'About the book' (see 1.1-3 above) and 'More from Global Century Press' (see 2.1-5 below). This kind of Chinese-English dual language service provides essential information about a particular volume of a journal, or a book within a series produced by GCP.
- In English versions, the English text is shown at the top and the Chinese text below, on all book covers and on the copyright page. In Chinese versions, Chinese is shown at the top and English below.
- Choosing from over one thousand possible typefaces, GCP uses the Times New Roman and FZKai-Z03 typefaces for typesetting in English and Chinese versions respectively. This forms GCP's Chinese and English dual language typesetting style. When Chinese occurs in the English version or English in the Chinese version, the InDesign software enables us to use composite fonts.
- The Times New Roman typeface cannot display certain Chinese pinyin characters in a standardized Chinese way. For example, the 'á' in pinyin 'dìyuán' (地缘 geography) looks different to the *á* in italic '*dìyuán*'. This letter always appears the same in the roman or italic instances of the GB-PINYIN-D font commonly used in the Chinese publishing industry. Nevertheless, GCP still uses Times New Roman to represent pinyin characters.
- GCP is in the process of unifying style rules for our Chinese and English dual language typesetting, including headings, punctuation marks, spaces, etc. For example, the size of all Chinese punctuation is larger than their equivalents in Times New Roman. We use the Microsoft KaiTi typeface's punctuation marks to adjust awkward spaces between English words and Chinese characters.

2.3 GCP style rules for Chinese and related names

The Chinese phonetic alphabet spelling rules for Chinese names[1] was published jointly by the General Administration of Quality Supervision, Inspection and Quarantine of the People's Republic of China (AQSIQ) and the Standardization Administration of China in 2011. Over the last decade, some rules have been chal-

---

[1] see: http://sxqx.alljournal.cn/uploadfile/sxqx/20171130/GBT28039-2011中国人名汉语拼音字母拼写规则.pdf.

lenged. Based on the above name rules, GCP has made adaptations and introduced its own style rules for Chinese and related name rules.

- As a rule, all Chinese names are written in pinyin, not italicized, as are names of places, e.g. Beijing or Shanghai.
- Normally, a Chinese surname (or family name) is composed of a mono-character name (e.g. Zhao, Qian, Sun or Li) or a two-character name (e.g. Ouyang, Sima). Occasionally, names are formed by two surnames (e.g. Ouyang Chen). Additionally, children born after China's 'one-child policy' implemented in the 1980s may also have multi-character surnames, which are created by joining the surnames of parents together in order to denote 'lineage succession', e.g. Zhang (father's surname) + Yang (mother's surname) = Zhangyang.
- The above rules also allow a Chinese surname followed by the first name (e.g. Wang Laowu). Usually, the surname looks shorter, having only a single character, while the first name looks longer, having two characters. Sometimes a hyphen (-) is added to connect the two characters of a person's first name. Although Chinese names are commonly formed by three characters in total, in recent years, thanks to a revival of traditional culture, some parents have added an additional character to their children's first name, based on numerological principles, e.g. the name of ZHANG Zelinli has the elements of water, wood and earth added.
- There are two ways to write Chinese names in pinyin or English. One way is to write the Chinese surname in capitals followed by the first name with only an initial capital (e.g. ZHANG San, WANG Laowu). GCP adopts this usage for all names of Chinese individuals from the mainland.
- Another way is to write the surname first, without full capitalization, followed by the first name, such as Deng Xiaoping, Zhang Yimou. In accordance with convention and increasingly common usage in the West, GCP renders some well-known names, especially those of politicians or social celebrities, in this way.
- In practice, Overseas Chinese always put their surnames last, the same as English names, e.g. Laowu Wang.
- Some names that that are known in "Wade–Giles pinyin"[2] (such as Fei Hsiao-tung) are mainly given first in Chinese pinyin (e.g. Fei Xiaotong), but both formats are given when the name is first mentioned, e.g. Fei Xiaotong (Fei Hsiao-tung).
- The pinyin names of Overseas Chinese of non-mainland origin are affected by their dialects, and some have English names. If possible, as

---

[2] see: https://en.wikipedia.org/wiki/Wade–Giles and https://zh.wikipedia.org/wiki/威妥瑪拼音.

many different names as possible are presented when they first appear in an article or a work. For example, JIN Yaoji would usually be known as Ambrose King or Ambrose Yeo-Chi King but may be known as JIN Yaoji or Yaoji Jin in Chinese pinyin.

- Some Korean names look like Chinese names, e.g. Hagen KOO, Kwang-ok KIM, but the surname is usually given after the first name and in full capitals. The same rule is applied to Japanese names, e.g. Tadashi FUKUTAKE, Yoshiyuki YAMA.
- In GCP publications, if you see a surname in front of its first name, you can assume that person is a mainland Chinese. Exceptions are acceptable, as individuals sometimes present their names in their own way.

2.4 Examples of Global Century Press book series

Chinese Concepts
Series Designer: Martin Albrow; Series Editor: Xiangqun Chang

Title: *Society Building: A China Model of Social Development*
Editor: Xiangqun Chang
Series No.: Vol. 1
Language: English; Chinese
London: Global Century Press (2015)

ISBN 978-1-910334-02-7 (English hardback)
ISBN 978-1-910334-03-4 (English paperback)
ISBN 978-1-910334-01-0 (Chinese hardback)
ISBN 978-1-910334-00-3 (Chinese paperback)
DOI https://doi.org/10.24103/cc1.en.2015
DOI https://doi.org/10.24103/cc1.cn.2015

Chinese Discourse
Series Editors: XIE Lizhong and QIAN Yufang

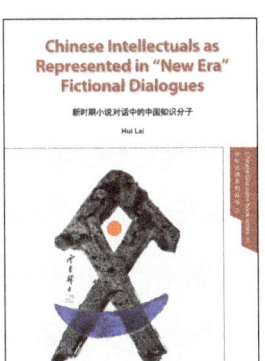

Title: *Chinese Intellectuals as Represented in 'New Era' Fictional Dialogues*
Author: LAI Hui
Series No.: Vol. 2
Language: English
London: Global Century Press (2017)

ISBN 978-1-910334-48-5 (English hardback)
ISBN 978-1-910334-47-8 (English paperback)
DOI https://doi.org/10.24103/cd2.en.2017

China Urbanization Studies
Series Editors: LI Qiang and LI Tie; Managing Editor: LIU Jiayan

Title: *China's Urbanisation: Migration by the Millions*
Editor: XIE Chuntao
Translator: WANG Chiying
Series No.: Vol. 1
Language: English; Chinese
London: Global Century Press (2016)

ISBN 978-1-910334-20-1 (English paperback)
ISBN 978-1-910334-21-8 (Chinese paperback)
DOI https://doi.org/10.24103/cus1.en.2016
DOI https://doi.org/10.24103/cus1.cn.2016

Globalization of Chinese Social Sciences
Series Editor: Xiangqun Chang

Title: *China's Role in a Shared Human Future: Towards Theory for Global Leadership*
Author: Martin Albrow
Series No.: Vol. 4
Language: English; Chinese
London: Global Century Press (2018)

ISBN 978-1-910334-35-5 (English hardback)
ISBN 978-1-910334-34-8 (English paperback)
ISBN 978-1-910334-37-9 (Chinese hardback)
ISBN 978-1-910334-36-2 (Chinese paperback)
DOI https://doi.org/10.24103/gcss4.en.2018
DOI https://doi.org/10.24103/gcss4.cn.2018

Understanding China and the World
Series Designer: ZHENG Hangsheng[†]; Series Editor: Xiangqun Chang

Title: *Towards a People's Anthropology*
Author: Fei Xiaotong (Fei Hsiao Tung)
Series No.: Vol. 2
Language: English
London: Global Century Press (2018)

ISBN 978-1-913522-01-8 (English hardback)
ISBN 978-1-913522-00-1 (English paperback)
DOI https://doi.org/10.24103/ucw1.en.2018

Transcultural experiences with 'three eyes'
Series Editors: Lixing Chen and Xiangqun Chang

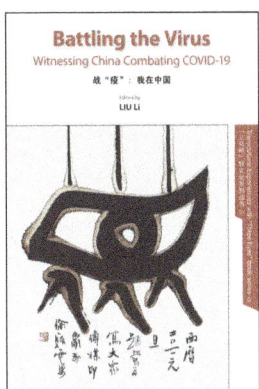

Title: *Battling the Virus: Witnessing China Combating COVID-19*
Editor: LIU Li
Series No.: Vol. 5
Language: English; Chinese
London: Global Century Press (2020)

ISBN 978-1-910334-91-1 (English paperback)
ISBN 978-1-910334-90-4 (Chinese paperback)
DOI https://doi.org/10.24103/tete5.en.2020
DOI https://doi.org/10.24103/tete5.cn.2020

2.5 Journals and periodicals

Journals
Journal of China in Global and Comparative Perspectives (JCGCP)

Editor: Xiangqun Chang
Published annually since 2015
Volume: 1
Language: English; Chinese
London: Global Century Press

ISSN 2633-9544 (print English)
ISSN 2633-9552 (online English)
ISSN 2633-9560 (print Chinese)
ISSN 2633-9579 (online Chinese)
DOI https://doi.org/10.24103/jcgcp
DOI https://doi.org/10.24103/jcgcp.cn
www.globalcenturypress.com/jcgcp

Journal of Chinese for Social Science (JCSS)

Editors: Dongning Feng and Lianyi Song
Published bi-annually since 2018
Volume: 1
Language: Chinese
London: Global Century Press

ISSN 2633-9501 (print)
ISSN 2633-9633 (online)
ISBN 978-1-910334-22-5
DOI https://doi.org/10.24103/jcss.cn
www.globalcenturypress.com/jcss

Journal of Corpus Approaches to Chinese Social Science (JCACSS)

Editors: QIAN Yufang
Published bi-annually since 2019
Volume: 1
Language: Chinese
London: Global Century Press

ISSN 2633-9617 (print)
ISSN 2633-9625 (online)
ISBN 978-1-910334-68-3
DOI https://doi.org/10.24103/jcacss.cn
www.globalcenturypress.com /jcacss

Proceedings series: Global China Dialogue
Series Designer: Martin Albrow; Series Editor: Xiangqun Chang

Transculturality and Global Governance

Editors: Xiangqun Chang and Costanza Pernigotti
Volume: 1 and 2
Language: English; Chinese
London: Global Century Press (2016)

ISBN 978-1-910334-32-4 (English)
ISBN 978-1-910334-33-1 (Chinese)
DOI https://doi.org/10.24103/gcdp1.2.en.2016
DOI https://doi.org/10.24103/gcdp1.2.cn.2016
www.globalcenturypress.com/gcdp

Sustainability and Global Governance for Climate Change

Editors: Xiangqun Chang, QIAN Yufang and Costanza Pernigotti
Volume: 3
Language: English; Chinese
London: Global Century Press (2017)

ISBN 978-1-910334-45-4 (English)
ISBN 978-1-910334-33-1 (Chinese)
DOI https://doi.org/10.24103/gcdp3.en.2017
DOI https://doi.org/10.24103/gcdp3.cn.2017
www.globalcenturypress.com/gcdp

The Belt and Road (B&R) — Transcultural Corporation for shared goals

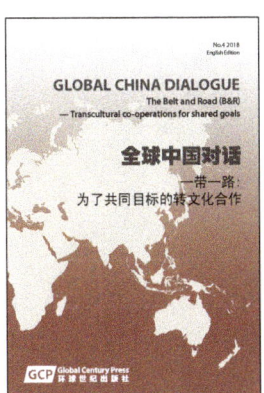

Editors: Xiangqun Chang and Costanza Pernigotti
Volume: 4
Language: English; Chinese
London: Global Century Press (2018)

ISBN 978-1-910334-60-7 (English)
ISBN 978-1-910334-61-4 (Chinese)
DOI https://doi.org/10.24103/gcdp4.en.2018
DOI https://doi.org/10.24103/gcgcp4.cn.2018
www.globalcenturypress.com/gcdp

www.ingramcontent.com/pod-product-compliance
Lightning Source LLC
Chambersburg PA
CBHW081946230426
43669CB00019B/2937